保育者のための
子ども虐待Q&A

//////////// **予防のために知っておきたいこと** ////////////

山縣文治 著

みらい

はじめに

> ママ、もうパパとママにいわれなくてもしっかりと
> じぶんからきょうよりか　もっともっとあしたはでき
> るようにするから　もうおねがいゆるして　ゆるして
> ください　おねがいします　ほんとうにもうおなじこ
> とはしません　ゆるして

　2018年、東京都目黒区で亡くなった5歳の女児が残していたメモの一部です。虐待で死亡した子どもたちの声を私たちは直接聞くことができません。しかし、亡くなる前に声を残していく子どもは多くいます。

　子ども虐待の発生は予防しなければなりません。その取り組みを通じて、早期発見や早期対応による重度化・深刻化を防ぎ、虐待による死亡を食い止めることを企図する必要があります。虐待死は最大の人権侵害であり、極力、避けなければならない事態です。

　本著は、保育者および保育者を目指すものが、子ども虐待予防支援に関わる際に、知っておいていただきたい基本的な知識や技術をまとめたものです。

　第1部では、子ども虐待防止支援に関わる基本的考え方や制度について紹介しています。第2部では、子ども虐待防止支援の進め方について紹介しています。最後の第3部では、取り組みの実際や、虐待で亡くなった子どもの死亡検証から、保育所、認定こども園、幼稚園等が学ぶべきことを記載しています。

　これらを活用していただくことで、少しでも虐待を受ける子どもが減ること、虐待をする保護者が減ることを願っています。

　2021年1月

山縣文治

もくじ

第2部　子ども虐待防止支援の基本

第4章　子ども虐待防止支援の基本的事項

第5章　子ども虐待防止支援のプロセス

第6章　子ども家庭福祉施設における子ども虐待防止支援

第3部　子ども虐待防止支援の実際

第7章　目的別でみた子ども虐待防止支援の実際

第8章　子ども家庭福祉施設等における子ども虐待防止支援の取り組み

第9章　虐待死亡検証等にみる子ども虐待防止支援の課題

●本書の活用にあたって

・QRコードを埋め込んだページがあります。スマホやタブレットで読み取ると、厚生労働省の虐待に関する資料や、虐待を検証した報告書などが表示されますのでご活用ください（資料はすべて2021年2月16日現在）。

・本書で表記している保育所保育指針解説のページ数は、厚生労働省のPDFデータのページ数にもとづいています。
　[➡QR]

第1部

子ども虐待の基礎知識

第1章

子ども虐待とは何か

子ども虐待の定義や基礎となる知識を
しっかり押さえておきましょう。
子ども虐待に関するよくある質問に
ついても取り上げています。

子ども虐待とはどのようなものなのですか

POINT

　子ども虐待の対応においては、法律や法律に基づく制度を活用することが多くあります。基本となる法律を知ることは、効果的な支援を展開するために重要です。

1．子ども虐待への対応に関する2つの法律

　子ども虐待に対応する法律は大きく2つあります。児童福祉法と児童虐待の防止等に関する法律（通称、児童虐待防止法）です。

2．子ども虐待の定義

①子どもの定義

　児童福祉法および児童虐待防止法における子ども（児童）は、「満18歳未満のもの」をいいます。

②虐待者の定義

　児童虐待防止法では、虐待者は、「保護者」としています。保護者は、多くの場合、親です。養子の場合、養親が親権者となります。里親は親権者にはなりません。

③虐待の類型

　虐待には、表1－1に示す4つ類型があります。4つの虐待の内容は、児童虐待防止法（第2条）に定義として示してありますが、これをもっと具体的に説明しているのが、厚生労働省の「子ども虐待対応の手引き」（2014年）[➡QR]です。

表1-1　虐待の類型（「児童虐待防止法」「子ども虐待対応の手引き」ともに要約）

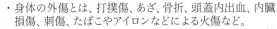

身体的虐待	
児童虐待防止法による定義	「子ども虐待対応の手引き」による解説
身体に外傷が生じる、またはそのおそれのある暴行を加えること。 	・身体の外傷とは、打撲傷、あざ、骨折、頭蓋内出血、内臓損傷、刺傷、たばこやアイロンなどによる火傷など。 ・暴行とは、首を絞める、殴る、蹴る、激しく揺さぶる、熱湯をかける、逆さ吊りにする、異物を飲ませる、食事を与えない、冬戸外にしめだす、一室に拘束するなど。 ・意図的に病気にさせる。*1　　　　　　　　　　（等）

心理的虐待	
児童虐待防止法による定義	「子ども虐待対応の手引き」による解説
著しい暴言、著しく拒絶的な対応、面前DVなど、子どもに著しい心理的外傷を与える言動をおこなうこと。 	・言葉による脅かし、脅迫など。 ・子どもを無視する、拒否的な態度を示すことなど。 ・子どもの心を傷つけることを繰り返し言う。 ・子どもの自尊心を傷つけるような言動など。他のきょうだいとは著しく差別的な扱いをする。 ・子どもの面前で配偶者やその他の家族などに対し暴力をふるう。　　　　　　　　　　　　　　　　　（等）

性的虐待	
児童虐待防止法による定義	「子ども虐待対応の手引き」による解説
児童にわいせつな行為をすること、児童にわいせつな行為をさせること。 	・子どもへの性交、性的暴行、性的行為の強要・教唆など。 ・性器を触るまたは触らせる。 ・性器や性交を見せる。 ・ポルノの被写体などになることを強要する。　（等）

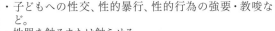
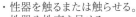

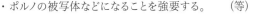

＊1　医療の必要はないのに、子どもを意図的に病気にさせたり、病気をよそおわせたりして、子どもの世話をかいがいしくする親（多くの場合、母親）を演じ、自分に関心を集める行為。代理ミュンヒハウゼン症候群と呼ばれることもあります。

ネグレクト	
児童虐待防止法による定義	「子ども虐待対応の手引き」による解説
心身の正常な発達を妨げるような著しい減食、長時間の放置、保護者以外の同居人による身体的虐待・性的虐待・ネグレクトへの対応をしないこと、保護者としての監護を著しく怠ること。 	・子どもの健康・安全への配慮を怠っているなど。たとえば、家に閉じこめる、学校等に登校させない、重大な病気になっても病院に連れて行かない（医療ネグレクト）、乳幼児を家に残したまま度々外出する、乳幼児を車の中に放置するなど。 ・子どもにとって必要な情緒的欲求に応えていない。 ・食事、衣服、住居などが極端に不適切で、健康状態を損なうほどの無関心・怠慢など。 ・祖父母、きょうだい、保護者のパートナーなどの同居人が虐待をおこなっているにもかかわらず、それを放置する。 （等）

3．子ども虐待の判断

　虐待であるかどうかの判断は、子どもの状況、保護者の状況、生活環境等から総合的におこなうべきです。また、その判断は、あくまでも子どもの側に立っておこなう必要があります。

　保護者がいくら一生懸命であっても、また、その子をかわいいと思っていても、子どもの側にとって有害な行為であれば虐待となります。

Q.2 SBSが問題となっているようですがなぜでしょうか

SBSは、身体的虐待の類型でとらえられる虐待行為です。しかしながら、SBSによって保護されていた子どもを巡る裁判で、裁判所が連続して、脳の損傷とSBSとの関係を否定する判決が出ました。ここでは、SBSと虐待との関係について改めて学習します。

POINT

1．SBSとATH

　SBSは、Shaken Baby Syndrome（シェイクン ベビー シンドローム）の頭文字で、**乳幼児揺さぶられ症候群**と訳されることが多い症状です。意図的か否かにかかわらず、脳形成が不十分ななかで、激しく揺さぶるなどの行為をおこなうと、脳が損傷し、時には死に至ることもあるというものです。

　揺さぶり以外でも同様の症状が起こることもあるため、近年では、**ATH**（Abusive Head Trauma：乳幼児の虐待による頭部外傷）と言い換えられることもあります。保育所等で、**SIDS**（Sudden Infant Death Syndrome：**乳幼児突然死症候群**）への対応が求められていますが、家庭内でこれが起こった場合、SBSの可能性もあると考えられます。

2．SBSの診断

　SBSは、乳幼児の体を強く揺さぶる、あやしているつもりで豪快に振り回す、激しく「高い高い」をする、長時間の車移動で新生児用ではないチャイルドシートに長時間座らせる、などの行為で生じます。危険を理解したうえで、このような行為をする保護者もいますが、そうではない保護者もいます。たとえば、泣き止まないので一生懸命あやしている、「高い高い」をすると喜ぶので、より高く放りあげるなど、むしろ「頑張って子どもと遊んでいる」と考えているような状況です。

　SBSの診断基準は、表1－2に示すような内容です。

　裁判で問題となっているのは、この基準の説明の部分の妥当性です。

表１－２　SBSの診断基準

> SBSの診断には、
> 　　①硬膜下血腫、またはくも膜下出血
> 　　②眼底出血
> 　　③脳浮腫
> などの脳実質損傷の３主徴が上げられる。（中略）
> 　出血傾向のある疾患や一部の代謝性疾患や明らかな交通事故を除き、90cm
> 以下からの転落や転倒で硬膜下出血が起きることは殆どないと言われている。
> したがって、家庭内の転倒・転落を主訴にしたり、受傷機転不明で硬膜下血腫
> を負った乳幼児が受診した場合は、必ずSBSを第一に考えなければならない。

資料：厚生労働省「子ども虐待対応の手引き」2014年　p.265 **[➡QR]**

　「ほとんどない」という表現は、言い換えると、「脳実質損傷は、絶対に
SBSによるものとは言い切れない」という意味になります。つまり、すぐに断定できるわけではありません。
　必要なのは、３つの兆候だけで判断するのではなく、それらを含めて総合的に判断するということです。そのためには、危険回避と観察を目的として、一時保護が必要な場合もあります。

３．SBSと保育所等

　保護者が子どもにかかわるなかで、SBSが疑われるような行為をしているのを発見した場合、保護者の気持ちに寄り沿いつつも、危険性を伝える必要があります。

Q.3 虐待、体罰、しつけ、どう違うのですか

> 2020年4月から、保護者による体罰の禁止規定が有効となりました。これによって保育実践が変わるわけではありませんが、保護者のなかには、気にされる方も出てくるかも知れません。したがって、虐待、体罰、しつけの関係も理解しておく必要があります。

POINT

1．体罰禁止規定

2019年、児童虐待防止法が改正され、**保護者による体罰禁止**の規定が設けられました（2020年4月施行）。体罰禁止法制がないことは、国連子どもの権利委員会から指摘されていたところであり、ようやく実現したことになります。

表1-3　児童虐待防止法第14条

（親権の行使に関する配慮等）
児童の親権を行う者は、児童のしつけに際して、体罰を加えることその他民法（中略）の規定による監護及び教育に必要な範囲を超える行為により当該児童を懲戒してはならず、当該児童の親権の適切な行使に配慮しなければならない。

2．体罰はなぜ問題なのか

体罰は、子どもの心身、とりわけ心や人間関係の成長・発達に大きな影響を与えます。たとえば、「落ち着きがない」、「攻撃的・支配的になる」、「大人や周囲の目を異常に気にする」、「大きな声や音に異常に驚いたり、行動が止まったりする」などです。

体罰はエスカレートしやすいことも意識しておく必要があります。子どもの反応が意に沿わないと、保護者はさらに体罰を加えることで思い通りにしようとします。子どもが一定の行動をしても、「親に合わせているだけで、本当はわかっていないのではないか」、「もっと『しつけ』をすれば、もっといい子に育つのではないか」などと考えることもあります。

　このような構造は、虐待と同じです。子どもの行動が一見変化したように見えても、叩かれたことによる恐怖心等によるものであることもあります。本当に身についたのではなくて、自己防衛としての反応ということです。

3．虐待・体罰・しつけの境界と保育者

　厚生労働省では「体罰は、虐待とまではいえない状況」といった趣旨の説明をしていますが、その境界を明確に示すことは困難で、図1-1に示すような重なり（グレーゾーン）があると理解すべきです。

　法律では、しつけとのグレーゾーンと考えられる体罰も禁止しています。

　保育者が、「何が体罰で、何がしつけか」という境界にこだわることは無意味です。**体罰を用いなくても子育てはできる**ということを保護者に伝えることが重要です（厚生労働省「体罰等によらない子育てのために」2020年）[**➡QR**]。

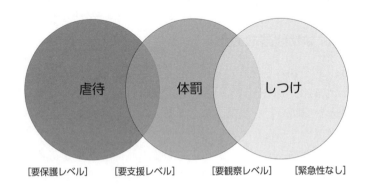

図1-1　虐待・体罰・しつけの関係
資料：筆者作成

Q.4 子ども虐待は連鎖するのですか

POINT
「虐待の世代間連鎖」という言葉を聞くことがあります。保育者は、そのことに関心をもつよりも、それを防ぐ方法を考えることが重要です。

1. 虐待の連鎖に対する考え方

虐待を受けながらもそれなりに大人になった人から、「子どもは好きですが、虐待の連鎖という言葉を聞くと、子どもを産み育てるのが不安です」、という発言を何度も聞いたことがあります。「**虐待の世代間連鎖**」という言葉を使う人たちは、虐待を断ち切りたいという思いで使っておられるはずなのですが、虐待を受けた当事者には、「あなたは、虐待をする可能性が高い人ですよ」と聞こえてしまうということです。

一方、虐待をした保護者からは、「自分は甘やかされて育てられ、わがままになった。もっと厳しいしつけをしないと、わがままな子になってしまう」ということを聞いたこともあります。もし連鎖がかなりの確率で生ずるなら、虐待を受けてこなかった人が虐待をする理由は、子どもの頃の被虐待経験とは異なる要因から説明しなければなりません。

子どもの頃に虐待を受けた経験は、虐待誘発要因（虐待を生じさせる要因）であることは間違いありませんが、あくまでも多くの要因のなかの一つに過ぎません。また、発生抑止要因（虐待を生じさせない要因）に対して、社会が適切に対応すれば、虐待をせずに子育てをすることは十分可能です。

保育者が重視すべきは、虐待が連鎖するかどうかではなく、「**虐待を受けて育っても、虐待をせずに子育てをすることができる**」、「**虐待を受けずに育っても、虐待をする人がいる**」という柔軟な考え方です（Q.5参照）。

2. 虐待発生の要因

虐待を発生させる要因は、大きく4つに分けて考えることができます。

①保護者の個別要因

　保護者の個別要因としては、保護者自身の人格、精神疾患、薬物依存、知的障がい、マタニティブルーズや産後うつなど、身体的・精神的に不安定な状態が代表的なものとなります。また、子どもや子育てに関する知識や技術の不足のような養育能力の未熟さ、虐待や体罰の肯定的養育観、子育てよりも個人の楽しみや嗜好（飲食物以外も含む）を優先する生活観などの社会面の不十分さもよくみられます。

　予期しない妊娠など、妊娠そのものを受容することが困難な場合もあります。また、たとえ、望んだ妊娠であったとしても、早産などの妊娠中および出産時の状況や、出産後の何らかの理由による長期入院などにより、子どもへのアタッチメント形成が十分でないこともあります（Q.6参照）。

　さらには、前項で検討した子ども時代の被虐待経験も、保護者の個別要因としてとらえることができます。

②養育環境の要因（家庭内、家庭外）

　養育環境の要因は、大きく2つに分けて考えることができます。

　家庭内環境では、夫婦関係の不和、配偶者間暴力（DV）に代表される家族や親族内での暴力体質、ステップファミリー、経済的困窮などが代表的です。家庭、親族あるいは社会のなかにある、子育ての責任を過度に母親あるいは家庭に求める価値観に基づく過剰な責任感、なども虐待発生の誘発要因となることがあります。

　地域等家庭外環境には、前段で示した子育ての責任を過度に母親あるいは家庭に求める価値観、ひとり親家庭やステップファミリーに対する偏見、親族や地域からの孤立、社会制度の不十分さなどがあります。

③子ども自身の要因

　子ども自身の要因としては、ミルク等をあまり飲まない、夜泣きや夜間の目覚めが多い、発育不良、障がい、過度なイヤイヤ期の反応、などがあります。なかには、離婚した親に容貌や態度等が似ているというだけで、虐待を受ける場合もあります。子どもが大きくなると、反抗的態

度、非行問題、家に寄りつかないなども虐待につながることがあります。

　当然のことですが、これは虐待を受けた子どもにみられる特徴であって、子ども自身に問題があるわけではありません。

④親子関係の要因

　虐待は、親子の関係のなかで生じるものです。虐待を誘発する要因として、これまで3つの内容を説明してきましたが、それらは、独立して虐待を誘発するというよりも、これが親子関係のなかで絡み合うことで、虐待となると考えられます。

　虐待は、多くの要因が親子の関係性のなかで、複雑に絡み合って発生するものです。したがって、虐待誘発要因の全体像を明らかにすること（アセスメント）が重要となります。

3．虐待死亡事案にみる虐待者の動機

　厚生労働省では、16次（ほぼ16年間）にわたって、虐待で死亡した子どもの検証報告を公表しています。この間、心中以外の虐待で亡くなった子どもは833人、このうち虐待の主な動機がわかっている554人について、動機を整理したのが図1－2です。

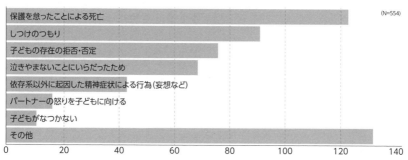

図1－2　心中以外の虐待死亡における動機
資料：厚生労働省「子ども虐待による死亡事例等の検証結果等について」2020年 **[➡QR]**

19

Q.5 子ども虐待はどのようにして発生するのですか

POINT

> 虐待防止支援においては、虐待発生のメカニズムを知る必要があります。今のところ統一見解はないのですが、基本的なメカニズムを理解できるよう簡単に解説します。

1．虐待の壺

　虐待発生のメカニズムを、壺をモデルとして説明したいと思います（図1−3）。まず、それぞれの人のなかに虐待の壺があると想定します。この壺は、極めて不安定な立ち方をしており、支えがないと倒れてしまいます。

　壺のなかには、虐待の発生を抑止する要因（○）や、虐待を誘発する要因（✿）が入っています。たとえば、円満な夫婦関係は前者に、DVの加害者・被害者であることや子どもの頃の被虐待経験は、後者にあたります。

　虐待誘発要因は、常に壺を揺らすようにぶつかってきます。そのなかのいくつかは壺の中に入り、発生抑止要因に攻撃をかけて破壊させたり、壺そのものを壊したりする働きをしています。壺のなかにある要因は結合してより大きな要因となることもあります。

　発生抑止要因は常に壺が傾かないように、壺を支えます。そのなかのいくつかは壺のなかに入り、虐待誘発要因に攻撃をかけ破壊する、壊れかけた部分を補修するなどの働きをしています。

　虐待誘発要因同様、この要因も結合してより大きな要因となることもあります。また、保護者自身が内的に学習し育んだものもありますが、環境や制度からの支援という要因も非常に大きな意味を持ちます。

2．虐待発生のメカニズム

　壺、虐待誘発要因、発生抑止要因の関係は図1−3のようになります。

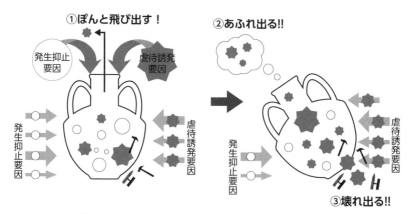

図1-3　虐待発生のメカニズム
資料：筆者作成

①ぽんと飛び出すパターン

　壺のなかに新たな虐待誘発要因が飛び込んだ弾みで、少数の虐待誘発要因が壺から飛び出し、単発的な虐待や体罰行為が生じるものです。体罰等をしてしまう保護者はおそらく、このような状況にあります。このことに発生抑止要因が早く気づけば、比較的簡単に抑制できます。

②あふれ出るパターン

　壺のなかに多くの虐待誘発要因がたまった状態で、発生抑止要因が機能しているにもかかわらず、それ以上に虐待誘発要因が力を発揮し、壺が傾いた結果、壺の口から虐待誘発要因が連続してあふれ出るパターンです。このような状況になると、外部の発生抑止要因を集中的に投入し、傾きを修正しなければ虐待は頻発してしまいます。

③壊れ出るパターン

　壺の内外にある虐待誘発要因の攻撃により壺が壊れ、そこから虐待誘発要因があふれ出ることで、虐待を繰り返すパターンです。この場合、単に傾きを直すだけでは問題は収まりません。壊れた壁の修復作業が必要であり、発生抑止要因の強化でも対応できない場合、少なくとも一時保護、状況によっては分離保護が必要となることが多いと考えられます。

Q.6 アタッチメントと虐待との間には どのような関係があるのですか

POINT

　子ども期のアタッチメントの形成は、大人になってからの人間関係の形成力、子どもへの養育態度、社会生活能力などに影響を与えます。虐待を受けている子どもはアタッチメントの形成が不十分になりがちであり、保育者はこれを代替する視点も必要です。

1．アタッチメントとは何か

　アタッチメント（愛着）は、人間の心や社会性の形成にかかわるもので、とりわけ乳幼児期の形成度合いは、その後の人生に大きな影響を及ぼします。また、年齢や発達段階によって、テーマもその取り組みも変わります。

　心の発達のなかでも大きな影響を受けるのが、自己および社会性の形成といわれています。自己の形成とは、自尊心、自己肯定感、自制心、自立、自律性などを指します。社会性の形成とは、他者への共感性、思いやり、協調性、道徳性、規範意識などです。アタッチメントは、これらの基礎にある存在ということができます。

　アタッチメントは、他者との関係で育つものです。多くの子どもにとって、まずは、保護者がそのような存在となります。ただし、保護者のみが可能であるわけではなく、保育者なども一部を担うことができます。分離保護などによって、保護者がこれを担うことができにくい状況では、保育者、里親などが代替する必要があります。

2．アタッチメントの形成

　アタッチメントが十分形成されると、「自分は愛されている」、「自分は守られている」、「自分の要望が他者に受け入れられている」、「他者が大切である」などの気持ちが心のなかに育っていくことになります。

　言い換えると、体罰や虐待のない関係（**安全**）、困難な状況に陥ったり、

一歩踏み出そうとしたりするときでも適切に受け止めてくれる信頼できる関係（**安心**）、頻繁に入れ替わらず、いつでも戻ってくることができる存在（**安定**）、という3つの「安」が確保されるということです（筆者はこれを「**安産の里**」と名づけています。図1－4）。虐待や体罰を受けている子どもは、この3つのいずれもが脅かされているということになります。虐待発生のメカニズムでいうと、虐待の壺のなかに、多くの虐待誘発要因を抱えた状態で大人になるということを意味しています。

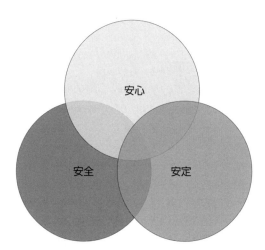

図1－4　アタッチメントを形成する「安産の里」
資料：筆者作成

3．アタッチメントの形成と保育者

　第1項の第2段落で示した内容は、保育所保育指針、幼稚園教育要領および幼保連携型認定こども園教育・保育要領等が示す、「**幼児期の終わりまでに育ってほしい姿**」（10の姿）や、「**保育における養護の意味**」と共通するものです。すなわち、保育という営みは、アタッチメントの形成と同様の役割を担うものであり、子どものなかには、保育者をアタッチメントの対象と見るものも出てくるということを意味しています。

　仕事として保育にかかわる保育者は、「安定」は困難な場合もありますが、少なくとも、「安全」、「安心」の里ではありたいものです。

Q.7 　虐待を受けた子どもたちは保護者のことを嫌っているのでしょうか

POINT

　ひどい虐待を受けた子どもは、保護者のことを心底から嫌っているのでしょうか。私は、『月刊福祉』（全国社会福祉協議会）という雑誌で、虐待を受けた10代後半から20代前半の子どもの声を聞き続けてきました。

1．子どもの受け止め方

①完全に距離を置いている関係

　4歳の頃、両親が収監され、長く施設で生活していた17歳の少年です。施設でも問題を起こし、現在は、自立援助ホームで生活しています。少年は、強い怒りを持って暮らしています。

　親は最低。「親権者」という言葉を悪用、乱用してくるんです。貸した金も返ってこない。貯金を含めると20万円以上取られました。葬式には顔も出したくない。だから、家族団らんなんてイメージは全くないです。

②葛藤のなかでも親子関係を考える

　精神的に混乱した母親に追い回され、身を隠すために施設も転々とした23歳の女性は、こう言いました。この女性は、自分の生活を脅かしている母親の老後を心配しています。

　今、母が現れたら、どう付き合っていいかわからない。でも、親が弱ってきたら子どもが介護をしますよね。介護をしてあげる自信がないなあ。これって薄情かな。

③虐待の責任は自分にある

　きょうだいのなかで、自分だけプールに連れて行ってもらえず、一人で家の掃除を命じられるなど、きょうだい間で差別を受けていた20歳の女性の声です。親の虐待の責任の一端に自分の存在があると言っていました。

> お母さんは、手はそんなに出さんけど、上の妹を怒った後に、下の妹や私に当たり散らす。そんなことの繰り返しでした。私がいるから、さらにひどくなるという感じかな。私がいるために、妹たちにも申し訳ない。

④養育者にも気を遣いつつ暮らす

　特別養子縁組を結んだ24歳の女性です。20歳の頃、実母を探すために、養親に内緒で役所や裁判所から書類を集めたそうです。家庭養護の経験者からはこのような声が何度か聞かれました。養子や里子になった子どもも、気を遣いながら暮らしているようです。

> ある朝、机の上に、書類の山。「言ってくれたら渡したのに」とあっさり。実母が産んでくれたことには感謝していますが、「お母さんと言えるのは、養母だけ」。

2．子どもの受け止め方の多様性

　インタビューに答えることができるような生活状況にあるということを差し引いて考えなければなりませんが、受け入れているかどうかは別にして、多くの子どもは保護者のことを気にしていることがわかります。3番目の事例のように、「保護者が虐待をする責任は自分にある」と受け止めている子どもも少なくありません。

　　子どもにとって、たとえ虐待をする保護者であっても、大切な親に他ならないのです。 ましてや乳幼児の場合、このような傾向が強くあります。子どものこのような気持ちを頭に置きつつ、子どもの将来を見据え、保護者の行動の改善や他機関との連携に努める必要があります。

第2章

子ども虐待の実態

様々なデータをもとに
子ども虐待の実態へ迫ります。
子ども虐待に対してなんとなく抱いている
イメージを見直していきましょう。

Q.8　虐待相談は増えているのですか

POINT

> 虐待相談は増えています。とりわけ、近年、児童相談所が対応する件数が増えています。実態のみでなく、その背景も理解しておきたいものです。

１．虐待相談件数

　子ども虐待相談の受付窓口は多くありますが、児童福祉法では、要保護児童の通告窓口（42ページ参照）として、**市区町村、児童相談所、都道府県の福祉事務所**の３つを示しています。厚生労働省の統計[*1]では、児童相談所と市区町村での相談対応件数が公表されています。

　児童相談所では現在、16万件近くの虐待相談に対応しています。これは、児童相談所が扱う全相談件数のおよそ３分の１にあたります。

　市区町村の相談対応件数も徐々に増加し、2018年度には12万件を超えました。これは、市区町村が扱う全相談件数のおよそ３割になります。

　市区町村の統計が公表されはじめて約10年間は、市区町村の対応件数が少し多かったのですが、2010年代半ばから児童相談所の相談対応件数が急増し、現在では年間で３万件近い差が出ています。

２．近年の急増理由

　2016年の児童虐待防止法改正の際、面前DV（11ページ参照）がある場合、心理的虐待を受けているものと解釈するという考え方が導入されました。その結果、虐待の態様については、心理的虐待の相談件数が最も多くなっています。それ以前は、身体的虐待が最も多いという状況でした。

　ＤＶ相談は、表面的には夫婦間等の問題ですから、問題がこじれても、当事者も近隣も児童相談所に相談することは少なく、警察に相談したり、通報したりすることが多くなります。さらに、警察が面前DVの家庭の相談に応じると、一時保護や分離保護のことを考え、市区町村に連絡す

＊1　『福祉行政報告例』。毎年公表されています。

るよりも、児童相談所に連絡することが圧倒的に多くなります。その結果、警察から児童相談所への心理的虐待としての面前DV情報の連絡がおこなわれ、統計的に、児童相談所の相談件数が多くなっています（図2−1）。

2018年のデータでは、児童相談所が対応した虐待相談に占める心理的虐待の割合は5割台半ば、うち面前DVは約6割、市区町村の場合、心理的虐待約4割、うち面前DVは4割弱となっています。

保育者は、面前DVに限らず、DV自体が子ども虐待に関係が深いこと、とりわけ乳児の場合、DVがもたらす心理的影響や突発的事態により、死亡にもつながる可能性があることを意識しておいていただきたいものです。

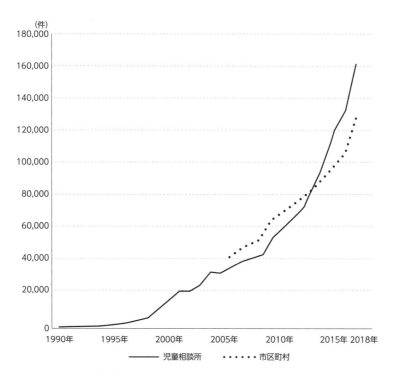

図2−1　虐待相談対応件数
資料：厚生労働省『福祉行政報告例』各年版、厚生労働統計協会

Q.9 保育所や幼稚園などからの虐待相談も多いのですか

保育所や幼稚園は、日々親子の顔を見ることのできる施設です。登降園時の様子や日中の様子、あるいは突然登園しなくなったなどから、虐待に気づくこともあります。このような場合、市区町村や児童相談所に相談することも必要です。

POINT

1. 保育所等からの相談

　保育所、幼稚園、認定こども園には、施設にもそこで働く職員にも、**発見の努力義務**が課されています（42ページ参照）。虐待されている子ども、あるいはその疑いがある子どもについては、児童福祉法に基づいて市区町村や児童相談所に**通告**することになります。

　2018年の福祉行政報告例による子どもの虐待相談の経路を表2－1に示しています。子ども虐待相談として、保育・教育施設から持ち込まれたものは、児童相談所1,985件（全虐待相談件数の1.2％）、市区町村10,137件（同8.0％）で、毎年のように、割合が上昇しています。主として対応する子どもが0～5歳児であることを考えると、これは必ずしも低い数値ではありません。とりわけ、身近な自治体である市区町村で8％に達しているということは、現場での制度の周知が進んでいることがうかがえます。

表2－1　子ども虐待相談の経路（2018年）　　　　　　　　　　　　（件）

		保育所	認定こども園	幼稚園	学校	虐待者本人	本人以外の親族	近隣・知人	警察等	その他
児童相談所	159,838	1,397	182	406	10,649	3,298	10,194	21,449	79,138	33,125
市町村	126,246	7,850	1,200	1,087	18,529	3,656	6,831	7,580	6,821	72,692

資料：厚生労働省『福祉行政報告例』2018年

2．相談したら子どもを保護してくれるのですか

　虐待を受けた子どもたちのなかには、少なくとも短期間は保護者と一緒に暮らすことが適切でない場合があります。このような状況にあると考えられる場合、児童相談所は**一時保護**をし、さらに必要な場合には、里親、乳児院、児童養護施設などへの入所という**分離保護**の手続きをとります。

　図2－2は、児童相談所における虐待相談の統計が公表されはじめた2000年代当初から、現在までの虐待相談件数および分離保護件数を示したものです。虐待相談件数は2005年から2018年の間に4.69倍に増えていますが、分離保護人数は1.03倍に留まっています。虐待相談に占める分離保護率（分離保護人数÷虐待相談件数×100）は2005年から順に、13.2％、7.8％、4.4％、2.9％、であり、相談件数の急増が分離保護率を低下させる結果となっています。

　すなわち、児童相談所に相談しても、必ずしも子どもは保護されるわけではなく、一時保護を利用するなどして、**あくまで親子ができるだけ一緒に生活できる道を探す**という形で対応されるということを意味しています。

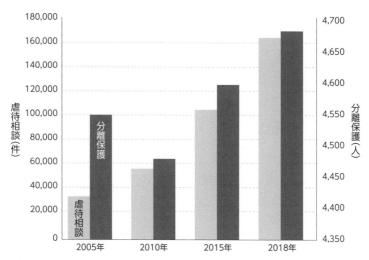

図2－2　虐待相談における分離保護

資料：厚生労働省「福祉行政報告例」各年版

Q.10　虐待で亡くなる子どもは増えているのですか

POINT

　制度の充実や、きめ細かな実践にもかかわらず、虐待による死亡はなくなりません。私たちは、せっかく生まれてきた大切な命に思いをはせながら、この統計が不要となる時代を目指して、親子に向き合う必要があります。

1.　虐待死亡統計の取り方

　児童虐待防止法では、国や地方自治体に対して、虐待死亡事例等についての検証を求めています。これに基づき、厚生労働省には、「**児童虐待等要保護事例の検証に関する専門委員会**」（2004年）**[→QR]** が設置され、翌年から毎年、ほぼ1年間の集計[*1]を報告しています（61ページ参照）。

　この検証は、都道府県から虐待死亡事案に関する情報を得て、専門委員会で精査した結果を公表するものです。虐待死とは認定できなくても、その疑いが濃厚な場合には、「疑義事例」として、死亡数に含めています。警察庁からも死亡統計が発表されますが、それぞれの定義が異なるため、この数値とは一致しません。

　また、**心中**による死亡も虐待死としています。子どもだけが亡くなり、保護者は助かった場合も、心中未遂事案として死亡数に含めています。

2.　虐待による死亡数

　図2－3のグラフを見てください。2018年度までの16年間で、虐待により亡くなった子どもたちの数は、心中以外によるものが833人（52.1人/年）、心中によるものが546人（34.1人/年）、合わせると1,379人（86.2人/年）となっています。

　亡くなった子どもたちの数は、心中以外の虐待死は、第5次報告[*2]が出された2007年頃がピークで、その後はやや減少し、現在は年間50件前後で、横這いという状況です。心中による死亡も第4次から第6次

＊1　集計は、前々年度のものとなりますので、2019年度の場合、2017年度の死亡数となります。また、第1次報告は対象期間が半年間、第5次報告は1年3か月間と、対象期間が他の期間と異なるので、ご注意ください。興味のある方は、子どもの虹情報研修センターのホームページをご覧ください。

くらいがピークで、こちらは明らかに減少傾向にあります。

　虐待による死亡数は、マスコミの報道等を見聞すると、増加している**ように思うかもしれませんが、実際は少なくとも増加しているわけではありません。**これは、市区町村における予防的サービスの拡充や早期対応の取り組み、児童相談所の対応体制の充実などの成果と考えられます。

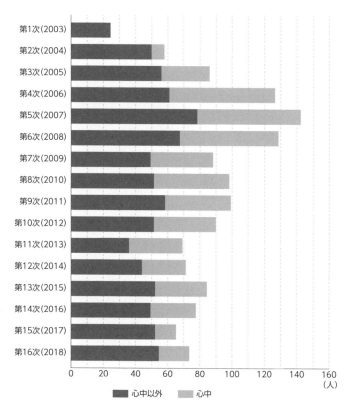

注）第1次報告は対象期間が半年間、第5次報告は1年3か月間と、対象期間が他の期間と異なる。以下、同様。

図2−3　虐待により亡くなった子ども数の推移
資料：厚生労働省「子ども虐待による死亡事例等の検証結果等について」
2020年 **[➡QR]**

＊2　この年次は15か月の集計となっていますので、12か月に換算してみると実際は心中以外が60件台の後半、心中が50件台の後半と考えられます。

Q.11　虐待で亡くなる子どもの状況を教えてください

POINT

　虐待で亡くなった子どもの状況を知ることは、次なる死亡や重篤な虐待を予防するポイントとなります。ここでは、基本的情報として、子どもの年齢、虐待の類型、利用していた施設等、市区町村および児童相談所の関与、地域社会との関係の５つを紹介します。

１．紹介するデータ

　紹介するデータは、前頁同様、厚生労働省に設置されている「児童虐待等要保護事例の検証に関する専門委員会」の年次報告、第１次報告（公表：2005年、検証対象期間：2003年７月１日～2003年12月31日）から第16次報告（公表：2020年、検証対象期間2018年４月１日～2019年３月31日）までの通算の統計数値です。ただし、統計が公表されていない項目があるため、利用していた施設等は第４次報告以降、地域社会との関係については第２次報告以降の集計となります。

　グラフでは、子どもの年齢については、心中以外の虐待、心中による虐待の双方を形成していますが、それ以外の統計は、心中以外のみを示しています。また、「不明」というものが多い項目があるため、これを除いた形でグラフ化しています。

２．子どもの年齢

　年齢別でみると、両者には大きな違いがあります。すなわち、心中以外の場合は０歳児だけで５割を占め、中学生や高校生の年齢の子どもは極めて少なくなっています。また、０歳児だけでみると７割以上が生後１か月未満の子どもたちです。一方、心中の場合、小学生が最も多く、それ以外の年齢段階にもかなり分散しています（図２−４）。**保育所等は就学前の子どもたちの生活と教育の拠点です。就学前の子どもたちは、虐待による死亡が多いことを意識していただきたいものです。**

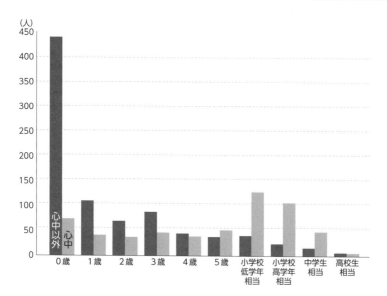

図2−4　死亡時の子どもの年齢
資料：厚生労働省「児童虐待等要保護事例の検証に関する専門委員会」年次報告より筆者作成

3．虐待の類型

　虐待の類型では、身体的虐待が3分の2を占めています。残るほとん
どが、ネグレクトです。心理的虐待で亡くなったのは1例だけです（図
2−5）。これは、繰り返し虐待を受けているなかで、保護者から「24
時間以内に自殺しろ」と言われた中学生が、翌日自殺したというもので
す。**0歳児、とりわけ生後1か月未満の子どもが多いなかで、ネグレク
トは特に死につながる問題**であることを意識することが重要です。なお、
性的虐待による死亡はありま
せん。

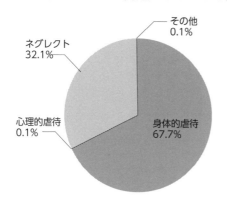

**図2−5　虐待の類型
（心中以外の虐待死）**
資料：厚生労働省「児童虐待等要保護
事例の検証に関する専門委員会」年次
報告より筆者作成

４．利用していた施設等

　利用していた施設等（図２－６）では、保育所が68人で最も多くなっています。幼稚園も22件あり、３番目に多い施設です。幼保連携型認定こども園については、いまのところ1件しかありません。現に保育所等を利用していた子どもが亡くなったということについては、現場でも深刻に受け止める必要があります。親子の様子の日々の観察や声かけ、相談体制、登園しなくなった場合の対応など、気になる親子がいる場合、市区町村や児童相談所と協議しながら、事前に対応を考えておく必要があります。

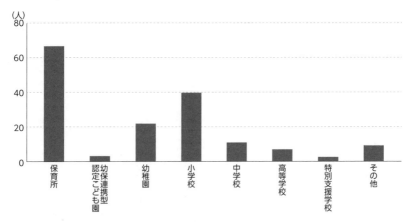

図２－６　利用していた施設等（心中以外の虐待死）
資料：厚生労働省「児童虐待等要保護事例の検証に関する専門委員会」年次報告より筆者作成

５．市区町村および児童相談所の関与

　虐待防止に重要な役割を果たす行政機関は、市区町村と児童相談所が代表的ですが、この２つの機関が関与していた事案は、全体のうちでも限られています。市区町村では25％弱、児童相談所でも15％強に過ぎません（図２－７）。死亡事案があると、市区町村や児童相談所のあり方に議論が集まりますが、たとえば、妊娠の届出をせず、自宅出産で０日児死亡という状況では、行政がかかわりにくい状況があります。

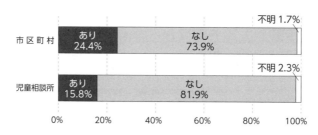

図2-7　行政の関与の有無（心中以外の虐待死）
資料：厚生労働省「児童虐待等要保護事例の検証に関する専門委員会」年次報告より筆者作成

6．地域社会との関係

　地域社会との関係は「ほとんどない」というものが4割、「乏しい」とを合わせると、ほぼ3分の2となります（図2-8）。この年代の一般家庭の数値がないので、断定はできませんが、虐待による死亡事案を起こす家庭の地域社会との関係は薄いと考えられます。虐待発生の要因の一つは、地域社会や親族からの孤立です。保育所等もかかわり方によっては、保護者に拒否的な態度をとられてしまい、子どもを登園させなくなることもあります。一方で、地域や親族側がかかわりづらい、あるいはかかわりたくない家庭として、付き合いを避ける場合もあります。

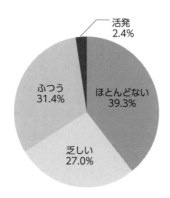

図2-8　家庭の地域社会との接触状況（心中以外の虐待死）
資料：厚生労働省「児童虐待等要保護事例の検証に関する専門委員会」年次報告より筆者作成

Q.12 里親や施設で職員から虐待されることはないのですか

虐待等の環境から保護された子どもが、新たな環境のなかでもさらに虐待されるという事案が生じる場合があります。児童福祉法では、保育所は直接報告の対象になっていませんが、このような状況がどれくらい生じているのか、なぜ起こるのかを知ることは重要です。

POINT

1．施設職員等による虐待

　児童福祉法では、児童養護施設や乳児院などの施設や里親のもとで生活している子どもの人権を守るために、**被措置児童等虐待防止制度**（60ページ参照）を設けています。

　結果が公表されるようになった2009年度から2018年度までの間で、虐待と認定された件数は728件で、身体的虐待が6割以上を占めています。注目すべきは性的虐待で2割近くを占めています。心理的虐待もこれと同じくらい発生しています。ネグレクトについては、年間数件で、5%にも満ちません。

2．職員等による虐待発生の構造

　被措置児童等虐待発生の構造は、図2−9のようなモデルで示すことができます。被措置児童等虐待は、職員が子どもに対しておこなう行為（①）です。虐待の類型は、児童虐待防止法に規定する4つです（12ページ参照）。施設には、複数の子どもが生活しており、時には子ども間で暴力が生じることがあります（②）。このことに気づいているにもかかわらず、適切に対応をしていないと職員によるネグレクトと認定されます。保育所等で子ども間のかみつき行為や、遊具で相手を殴るなどの行為がありますが、これを放置している状況と重ね合わせてみてください。これが、法律が規定する被措置児童等虐待ということになります。

　では、なぜ職員は虐待をするのでしょうか。一つは、職員自身の未熟さ、

暴力や体罰の肯定観などの個人的問題ですが、その他にもいろいろ理由が考えられます。保育所等では少ないのですが、子ども自身が職員に対して暴力を振るったり、犯罪行為や破壊行為をしたりすることがあります（③）。これに対して適切な対処能力を身につけていなければ、暴力や懲罰という形で対応することになります。この他にも、職員間の諍いや、管理職等に暴力肯定文化がある（④）、理事長と施設長が一緒だったり、世襲制であったりして理事会が機能していない（⑤）、社会福祉法にもとづく苦情解決制度（58ページ参照）である**第三者委員**（⑥）や運営適正化委員会（⑦）が機能していない、保育所等でいうと、騒音問題や朝夕の送迎時の混雑への不満など地域社会からの批判や偏見（⑧）、これによって、職員が増えにくかったり活動がしづらくなるなど制度の低水準（⑨）、これらが、意図的か否かにかかわらず、職員の虐待や体罰を誘発していると考えられます。

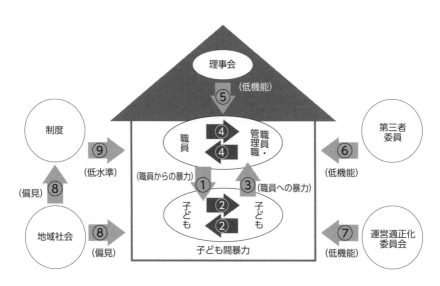

図2－9　職員による虐待の発生構造
資料：筆者作成

第3章

子ども虐待防止支援にかかわる基本制度

子ども虐待を防ぐために設けられた様々な制度やしくみを説明します。これらは、子どもの最善の利益を守るために存在しています。

Q.13 虐待の証拠がなければ通告しては いけないのですか

POINT

　保育関係者は、虐待されている子どもなどを発見しやすい立場にあり、発見の努力義務が課せられているとともに、通告の義務が課せられています。

1．発見の努力義務

　児童虐待防止法第5条第1項では、保育所等やその職員に対して、子ども**虐待早期発見の努力義務**を課しています。また、同法第6条第1項では、「児童虐待を受けたと思われる児童を発見した者」に通告の義務を課していますので、保育者には**通告の義務**が課せられていることになります。罰則はありませんが、保育所等および保育者には、一般の人以上に通告の義務が課せられているということです。

2．通告の目的

　通告は、あくまでも子どもの人権・利益を守るためのものです。法律では、虐待に関する確たる証拠がなくても、「虐待を受けたと思われる児童」、すなわち、「疑わしきは通告」することを求めています。虐待か否かを判断するのは、通告者ではなく、通告を受けた側が、いろいろな情報を含め、総合的に判断するということです。

3．通告先

　通告先は、市区町村、児童相談所、都道府県の設置する福祉事務所の3つです。市区町村は子ども家庭福祉相談の第一義的窓口として位置づけられており、まずは少なくとも市区町村に、緊急性が高い場合は、児童相談所にも連絡することが望ましいと考えられます。

Q.14 児童相談所の仕事について教えてください

POINT

　児童相談所は、子ども虐待事案の支援において、重要な役割を果たしています。

1．児童相談所の設置

　児童相談所は、2020年7月現在、全国に220設置されています（都道府県184、政令指定都市30、児童相談所設置市6）。

2．児童相談所が取り扱う相談

　児童相談所では、18歳未満の子どもに関するあらゆる相談に応じています。厚生労働省『福祉行政報告例』から2018年の状況をみると、全約50万件のうち、養護相談（虐待相談＋その他の養護相談）が45.9％と半数近くを占めています。次は、障がい相談の37.5％です。

3．児童相談所の業務

　児童相談所では、一般の相談の他、①市区町村の指導・連携、②児童福祉司による指導、③分離保護の決定、などの機能を果たします。指導は児童福祉司が直接おこなうだけでなく、市区町村や児童家庭支援センターなどに委託しておこなうこともできます。

4．児童相談所で働く職員

　子どもの相談支援にあたる代表的な職員は、**児童福祉司**と**児童心理司**です。児童福祉司は**ソーシャルワーカー**とも呼ばれ、社会調査、相談、支援などをおこないます。児童心理司の主な業務は心理アセスメントと心理療法です。

Q.15 一時保護では何がおこなわれているのですか

POINT

虐待されている子どもの支援では、一時保護という手続きがとられることがあります。

1．一時保護の目的

一時保護の目的は、①危険の一時的回避、②支援の必要性を考えるための一時的生活の場の提供、③子どもの様子の観察（行動観察）、④子どもが自分自身のことを考える期間の提供、などにあります。

2．一時保護の手続き

一時保護は、保護者との信頼関係をできるだけ崩さないよう、保護者の同意を得ておこなわれます。しかし、子どもにとって必要であるにもかかわらず、保護者が同意しない場合、不同意のまま保護されることもあります（**職権保護**）。

3．一時保護の実施者とその場所

一時保護は児童相談所設置者の業務で、**ほとんどの場合、児童相談所と同一敷地内に設置**されています。すべての児童相談所にあるわけではなく、2020年7月現在で、220の児童相談所のうち144か所にあります。

4．一時保護所での生活と職員

一時保護所は、行動観察の場であると同時に、生活の場でもあります。したがって、それぞれの発達段階等に応じた生活が提供されます。ただし、閉鎖空間であることが多く、地域の学校や保育所、幼稚園などに通うことができない施設がほとんどです。

Q.16 家庭児童相談室と児童相談所は何が違うのですか

POINT

> 　家庭児童相談室は福祉事務所に設置されているもので、地域の子どもたちの相談にあたっています。保育所等が子どもの相談を持ち込むと、直接の窓口となるかどうかは別として、かかわることの多い機関です。

1．家庭児童相談室の設置

　家庭児童相談室は、**福祉事務所**に任意で併設され、地域の子どもの相談に応じます。福祉事務所は全国に1,250か所程度ありますが、このうちのほぼ8割にあたる1,000か所弱に設置されています。

2．家庭児童相談室の取り扱う相談

　家庭児童相談室は、18歳未満で、施設等に保護されていない地域の子どもの相談に応じます。任意設置ということもあり、取り扱う相談は自治体によって異なります。保育所の入所等の取り扱いもその一つです。

3．家庭児童相談室の職員

　相談にあたる職員は、**家庭相談員**と呼ばれます。家庭相談員は、非常勤で配置することを前提にしていますが、常勤で配置している自治体も少なくありません。

4．児童相談所との違い

　児童相談所との大きな違いは、一時保護や分離保護などの決定ができないことです。その結果、より深刻な問題を単独で扱うことは少なくなります。

Q.17　子ども家庭総合支援拠点とは何ですか

児童福祉法の改正により、市区町村に子ども家庭総合支援拠点の設置が推進されることになりました。これが設置されると、虐待等の相談もここが担う可能性が高くなります。設置はまだ進んでいませんが、市区町村の状況を知っておきましょう。

POINT

1．子ども家庭総合支援拠点設置の背景と目的

　2016年の児童福祉法改正で、市区町村には、すべての子どもの権利を擁護するために、子どもの福祉に関する支援等に係る業務を行うことが求められました。**子ども家庭総合支援拠点**は、子どもとその家庭及び妊産婦等を対象に、実情の把握、子ども等に関する相談全般から通所・在宅支援を中心としたより専門的な相談対応や必要な調査、訪問等による継続的なソーシャルワーク業務までを行う機関です。

　設置は、市区町村が直接おこなうだけでなく、社会福祉法人等に一部を委託することもできます。設置義務はありませんが、厚生労働省では、2022年までに、すべての市区町村に設置を進めることとしています。

2．子ども家庭総合支援拠点の業務

　子ども家庭総合支援拠点の主な業務は、大きく以下の4点です。図3-1には、その全体像が示してあります。

①子ども家庭支援全般に係る業務

　子ども家庭支援全般に係る業務としては、実情の把握、情報の提供、相談等への対応、総合調整などです。

②要支援児童及び要保護児童等並びに特定妊婦等への支援業務

　要支援児童及び**要保護児童**等並びに**特定妊婦**[*1]等への支援業務とし

＊1　出産後の養育について、出産前において支援を行うことが特に必要と認められる妊婦（児童福祉法第6条の3第5項）。家庭環境にリスクを抱えている妊婦で、複雑な家庭内事情があるなど、育児が困難と予想される状況にあるものをいいます。

ては、相談・通告の受付、受理会議、調査、アセスメント、支援計画の作成、支援及び指導、児童記録票の作成、支援の終結など、ソーシャルワークのプロセスに準拠した業務があげられます。

③関係機関との連絡調整

　関係機関との連絡調整としては、**要保護児童対策地域協議会（要対協）**の活用、児童相談所との連携・協働、他関係機関・地域における各種協議会等との連携、などがあげられます。

④その他の必要な支援

　入所施設などの措置解除前に、ケース検討会を開くこと等。

3．市区町村における相談窓口の再編成

　制度上求められているわけではありませんが、この拠点が設置されると、従来の子ども家庭福祉相談の窓口、家庭児童相談室、要保護児童対策地域協議会調整機関、などの再編成が進むものと考えられます。結果として、市区町村により、窓口の整備状況が異なってくると思われますので、それぞれの市区町村の状況をよく調べておくことが必要です。

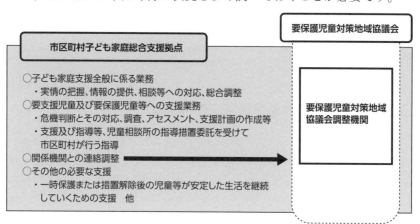

図3-1　子ども家庭総合支援拠点の業務
資料：厚生労働省資料をもとに筆者作成

Q.18 子育て世代包括支援センターも 虐待問題と関係しているのですか

POINT

　子育て世代包括支援センターは、母子保健法の改正により、母子健康センターを改組して設置されているものです。母子保健の視点から、子ども虐待の予防にあたります。

1．子育て世代包括支援センターの設置

　子育て世代包括支援センターは、2016年の母子保健法の改正により、市区町村に設置が推進されているものです。法律上の名称は**母子健康包括支援センター**ですが、国を含め、一般には子育て世代包括支援センターと呼ばれています。地域によっては、**ネウボラ**[*1]と呼んでいるところもあります。

2．子育て世代包括支援センターの業務

　子育て世代包括支援センターの業務は、①妊産婦及び乳幼児等の実情の把握：継続的な状況の把握、支援台帳の作成、管理、更新、②相談対応：傾聴、情報提供、助言、③支援プランの策定、④関係機関との連携、調整、などです。

3．市区町村における相談窓口の再編成

　制度上求められているわけではありませんが、このセンターが設置されると、利用者支援事業（母子保健型）は、少なくとも、これに組み込まれる可能性が高くなります。また、すでに地域保健法に基づく市区町村保健センターと統合されているところもあり、保健部門の再編成が進むことが考えられます。

[*1]　フィンランドの子育て相談支援システムの名称。

Q.19 発達障害者支援センターには どのような役割が期待できるのでしょうか

POINT

発達障がいに起因する虐待もあります。発達障がい児・者の専門支援機関である発達障害者支援センターは、保護者のみならず保育所等にとっても有効な相談機関であり、意識的に関係をもつことが必要です。

1．発達障害者支援センターの目的

　発達障害者支援センターは、発達障がい児・者への支援を総合的におこなうことを目的とした専門的機関です。発達障がい児・者とその家族からの様々な相談に応じ、指導や助言などを行っています。

2．発達障害者支援センターの設置

　設置は、**発達障害者支援法**に基づき、都道府県および政令指定都市がおこないます。事業は、社会福祉法人やNPO法人などに委託して実施することもできます。

3．発達障害者支援センターの業務

　発達障害者支援センターは、相談支援、発達支援、就労支援、発達障がいに関する理解の普及啓発・研修などをおこなっています。

　相談支援では、当事者やその家族が、日常生活で感じている様々な困りごと（コミュニケーションや行動面で気になること、保育所等や、学校、職場で困っていることなど）の相談に応じます。また、保育所等や学校、さらには職場からの相談にも応じます。発達支援では、家族や周囲の人の発達支援に関する相談に応じ、家庭での療育方法についてアドバイスしています。

Q.20 児童家庭支援センターは 行政の機関なのでしょうか

社会的養護の相談支援にかかわるのが、児童家庭支援センターです。新しい社会的養育ビジョンでは、虐待防止支援にかかわる重要な機関として位置づけています。

1．児童家庭支援センターの目的

　児童家庭支援センターは、地域の子どもの福祉に関する相談・助言、保護を要する子どもや保護者に対する指導、児童相談所・子ども家庭福祉施設等との連絡調整等をおこなう、児童福祉法に規定された施設です。

2．児童家庭支援センターの設置

　設置は、都道府県、政令指定都市、児童相談所設置市ですが、社会福祉法人やNPO法人などに委託して実施することもできます。ほとんどが、児童養護施設に併設されています。

3．児童家庭支援センターの業務

　業務内容としては、①子どもに関する相談のうち、専門的な知識・技術を必要とするものに応じる、②市区町村の求めに応じ必要な援助をおこなう、③施設入所までは要しないが要保護性がある子ども、施設を退所後間もない子ども、継続的な指導措置が必要であると判断された子どもや家庭について、児童相談所から委託を受けて指導をおこなう、④里親・ファミリーホームからの相談に応ずる、⑤関係機関や施設との連絡調整をおこなう、とされています。

　新しい社会的養育ビジョン [➡QR] では、「里親ショートステイの調整機能、フォスタリング機関の機能、在宅措置や通所措置の機能など、リスクの高い家庭への支援や代替養育後のアフター・ケアを担う有力な社会資源になり得る」とされています。

Q.21 地域子育て支援拠点事業と虐待防止支援はどのようにつながりますか

POINT

保育所等のなかには、地域子育て支援拠点事業を実施しているところもあると思います。この事業も、虐待防止支援と結びついています。

1．地域子育て支援拠点事業の成立

地域子育て支援拠点事業は、2007年、保育所が主として担っていた「地域子育て支援センター」と、NPO法人等多様な供給主体が担っていた「つどいのひろば事業」の2つが再編成され、成立したものです。

2．地域子育て支援拠点事業の目的

地域子育て支援拠点事業は、家庭や地域における子育て機能の低下や子育て中の親の孤独感や不安感の増大等に対応するための事業です。地域において子育て親子の交流等を促進する子育て支援拠点の設置を推進することにより、①地域の子育て支援機能の充実、②子育ての不安感等の緩和、③子どもの健やかな育ちの支援、などを目的としています。

3．地域子育て支援拠点事業の業務

地域子育て支援拠点事業には、一般型と連携型という2つの事業類型があります。基本の事業は、①子育て親子の交流の場の提供・交流の促進、②子育てに関する相談・援助の実施、③地域の子育て関連情報の提供、④子育て・子育て支援に関する講習等の実施、の4つで、一般型では、これに地域支援や出張ひろばなどを加え、事業展開しているところもあります。連携型も基本事業は同様ですが、開所日数や時間を少なくして展開することが可能です。この事業に関する通知には、「配慮が必要な子育て家庭等への支援」という記載があり、虐待の早期発見、早期対応、専門機関へのつなぎなどの機能が期待されています。

Q.22 ショートステイ事業はどのような場合に利用できるのですか

POINT

　家庭での子育てが一時的に困難になった場合に、乳児院や里親などで一時的に生活を保障するのがショートステイ事業です。保育所等を利用していても、並行して利用できます。

1. ショートステイ事業の位置づけ

　ショートステイ事業の正式名称は、**子育て支援短期利用事業**のなかの**短期入所生活援助事業**です。子育て支援短期利用事業には、もう一つ、**夜間養護等 (トワイライトステイ) 事業**という類型があります。

2. 子育て支援短期利用事業の目的

　子育て支援短期利用事業の目的は、保護者が疾病などの社会的な事由によって、また、ひとり親家庭が仕事の事由などによって、家庭での養育が一時的に困難となった場合に生活の場を提供することです。

　ショートステイ事業の通知[*1]には、「母子が夫の暴力により、緊急一時的に保護を必要とする場合等」という文言があり、虐待やDVの深刻化への予防の意味もあります。実際の利用理由は、保護者の精神状態が落ち着かない、子育ての不安が高い、週末や学校の長期休業期間などで、子どもと長時間一緒にいるとストレスがたまりやすい、などです。

　トワイライトステイ事業は、宿泊を伴わない夜間の預かりで、生活指導や夕食の提供などがおこなわれます。

3. 子育て支援短期利用事業の場

　この事業に基づいて子どもたちが生活する場は、市区町村長が指定した児童養護施設、母子生活支援施設、乳児院、里親などです。

---

*1　子育て短期支援事業の実施について（子発0329第27号）。

Q.23 虐待を受けている子どもも利用できる在宅支援サービスにはどのようなものがありますか

POINT

虐待を受けているとわかったとしても、安易に親子を分離するのではなく、在宅支援サービスを利用しながら在宅生活を継続できるよう支援することが大切です。

様々な在宅支援サービス

在宅支援サービスのうち、相談機関や相談を含む子育て支援機関については、これまで紹介してきました。ここでは、これまで紹介してこなかった、市区町村が実施主体となっている事業について紹介します。

①産前・産後サポート事業

妊娠・出産、子育てに関する悩み等に対して、母子保健推進員や、研修を受けた子育て経験者・シニア世代の者、保健師、助産師、保育士などが、不安や悩みを傾聴し、寄り添い型の相談支援をおこなうものです。

②産後ケア事業

産科などから退院したあと、一定の期間、対象者の居宅などにおいて、助産師等の看護職が中心となり、母親の身体的回復と心理的な安定を図るとともに、母親自身がセルフケア能力を高めるよう支援する事業です。

③乳児家庭全戸訪問事業（こんにちは赤ちゃん事業）

生後4か月までの乳児のいるすべての家庭を、市区町村職員や主任児童委員などが訪問し、様々な不安や悩みを聞き、相談・助言をする事業です。

④養育支援訪問事業

支援が特に必要であると判断された家庭に、保健師・助産師・保育士等が訪問し、養育に関する指導、助言等をおこなうものです。対象は、若年妊娠で出産した家庭、子育ての不安や孤立感が高い家庭などです。

Q.24 虐待予防のための母子保健サービスにはどのようなものがありますか

POINT

　虐待予防の初期対応において、母子保健サービスは大きな役割を果たします。虐待予防に関連する母子保健サービスは、主に4つあります。

様々な母子保健サービス

①妊娠の届出・母子健康手帳の交付

　市区町村は妊娠の届出に基づき、**母子健康手帳**を交付します。**自宅出産**などをする保護者のなかには、届出をしない人があります。

②妊婦健康診査

　妊婦健康診査は義務ではありませんが、ほとんどの妊婦が利用します。これは、妊婦の生活状況や心理状況を知る有効な機会となります。

③新生児訪問指導・未熟児訪問指導

　新生児訪問指導は、出生届をもとに、保健師などが、新生児（生後28日未満）のいる家庭を訪問するものです。この指導で正当な理由もなく出会えない状況が続くと何らかの疑いをもつ必要があります。

　出生届・住民票は、子どもの社会的存在を示す確固たる証拠です。このように、義務化されていたり、対象となる人の多くが利用したりする制度の場合、利用しない子どもを追跡する根拠となります。

　未熟児訪問指導は、未熟児を対象とします。未熟児は保護者にとって養育に不安があるものであり、時には虐待の対象になります。

④乳幼児健康診査

　法定の乳幼児健康診査は、**1歳半健診**（1歳6か月から2歳）、**3歳児健診**（満3歳児）の2つですが、市区町村では、実施回数を増やしているところも少なくありません。

Q25 親子分離された場合、子どもはどのようなところで生活するのですか

> 親子分離がされたあとの生活の場は、子どもの心をしっかりと受け止め、安心と安全の場になる必要があります。子どもにかかわる者として、親子分離されたあとの子どもの生活先についても、関心をもっていただきたいものです。

POINT

1．様々な親子分離保護

　親子分離がされたあとの主な生活の場は、**里親**、**ファミリーホーム**、**乳児院**、**児童養護施設**、**児童心理治療施設**、**児童自立支援施設**などです。利用できる年齢は、乳児院を除き、18歳未満ですが、20歳までは延長することができます。また、必要がある場合、22歳までの利用も認められています。児童相談所が直接決定しないものとしては、**母子生活支援施設**や**養子縁組**があります。以下、代表的な3つについて紹介します。

2．各施設等の概要

①里親、ファミリーホーム
　個人の家などで、養育のみを委託され生活するものです。里親は実子を合わせて最大4人まで、ファミリーホームは5～6人です。

②乳児院 （112ページ参照）
　おおむね2歳くらい（必要があれば小学校に入学前）までの間、生活するものです。保育士や看護師が多く働いています。

③児童養護施設 （112ページ参照）
　乳児院退所後の継続ケアの場になります。最近では、中高生からの入所も多くなっています。ほとんどの子どもが高校等まで進学しています。

Q.26 里親と施設のどちらが子どもにとって好ましいのですか

POINT

里親も施設も、子どもにとっては必要な社会資源ですが、子どもの権利条約では、家庭養護（里親・ファミリーホーム）を優先すべきことが示されています。

１．家庭養護の推進

　子どもの権利条約では、施設よりも里親や養子縁組を優先すべきことを規定しています（第20条）。児童福祉法でもこれを受け、分離保護については、まずは、家庭における養育環境と同様の養育環境（里親・ファミリーホーム）、これが適当でない場合には、できる限り良好な家庭的環境（小規模、小集団の施設）で生活できるようにすることと規定しています（第３条の２）。

２．社会的養護の現状

　家庭養護の重視の方向は、2010年代前半からより顕著となりましたが、里親等委託率[*1]はいまだ２割に過ぎず、世界的にはかなり遅れた状況にあります。厚生労働省では、これを受け、「新しい社会的養育ビジョン」（2017）[→QR] を発表し、家庭養護を飛躍的に拡充する計画を立てました。

３．社会的養護の意義

　子どもはまず自我の形成を通じて自己を確立させ、その後、他者とのより広範な相互作用を通じて自己を成長させます。施設は子ども集団の力動を活かしながら成長を促す場ですが、社会的養護のもとで生活する子どもは、その前提の「個」が確立していないことが多いのです。
　子どもの育ちにとってアタッチメント（22ページ参照）が重要ですが、家庭養護と施設養護を比較した場合、家庭養護の方がよりアタッチメントが形成されやすいといえます。

＊1　計算の仕方は、「（里親＋ファミリーホーム）／（里親＋ファミリーホーム＋乳児院＋児童養護施設）×100」となります。

Q.27 里親と養子縁組はどう違うのですか

POINT

　里親と養子縁組は、いずれも、個人の家で養育される
ものですが、その意味は大きく異なります。両者の違い
はあまり知られておらず、子どもから見た場合の違いを
十分理解しておく必要があります。

1．里親および養子縁組の類型

　里親は、児童福祉法に基づく制度で、**養育里親**（内部類型として**専門里親**）、**親族里親**、**養子縁組を希望する里親**の3類型があります。一般に里親制度という場合、養育里親を指すことが多いようです。

　養子縁組は、民法に基づく制度で、（普通）養子縁組、特別養子縁組の2類型があります。

2．里親および養子縁組の相違

　親子関係での大きな違いは実親との関係です。里親は、民法上の親になることはありませんが、養子縁組は親権者となります。

　特別養子縁組の場合、戸籍上も実子同様に記載され、養子であることを類推させる記載はされますが、実親の名前は記載されません。また、縁組の解消にはいくつかの要件が課せられています。

　普通養子縁組の場合、実親の名前も記載され、相続権など、子どもの側の権利は継続されます。

3．保育所等での留意事項

　里親と里子は姓が異なることになります。日常的に使う名前をどうするかについては、事前に里親に確認しておく必要があります。急な事情で医療機関などを利用する場合も同様です。

Q.28 第三者委員から職員による虐待の疑いがあると指摘されたのですが

POINT

第三者委員は社会福祉法に基づく苦情解決の制度です。職員による不適切な対応などについて対処します。ほとんどの社会福祉施設または法人に配置されています。

1．苦情解決制度

　苦情解決制度は、利用者の人権・権利を保障するための重要な制度です。社会福祉法では、苦情受付責任者、苦情解決責任者、第三者委員、運営適正化委員会、の４つのしくみを設けています。利用者からの苦情は、ケアの質をあげていくための重要な視点を与えてくれるものとなります。

2．苦情受付責任者・苦情解決責任者

　施設に設置が義務づけられているものです。苦情受付責任者は施設の職員が任命され、苦情の受付、記録、苦情解決責任者への報告などをおこないます。苦情解決責任者は、施設長などがなることが多いようです。

3．第三者委員

　職員には、直接言いにくいような場合に、施設が任命した職員以外の人（弁護士、学識経験者、民生児童委員、学校関係者など）が対応するものです。利用者から、直接、間接に苦情受付をしたうえ、苦情申出人への助言、事業者への助言、申出人と苦情解決責任者の話し合いへの立ち会い、助言などをおこないます。

4．運営適正化委員会

　都道府県社会福祉協議会に設置され、第三者委員でも解決しがたい内容や、第三者委員には相談しにくいような内容に対応します。

Q.29 要保護児童対策地域協議会は どのような役割を果たしているのですか

POINT

要保護児童対策地域協議会は、虐待を受けている疑いのある子どもとその保護者、支援が必要と考えられる妊婦などに対して、支援のあり方などについて話し合う重要な機関です。保育所等関係者も委員になっています。

1．要対協の設置

虐待防止支援においては、特定の機関が全て担うのではなく、様々な機関、様々な職種が協働して取り組むことが重要です。**要保護児童対策地域協議会（要対協）**は、これに対応するため、2004年の児童福祉法改正で市区町村に設置されることになったものです。

2．要対協の意義

要対協を設置する意義は、表3−1に示すような点にあります。

表3−1　要対協の意義

1．早期に発見することができる。
2．すみやかに支援を開始することができる。
3．情報の共有化が図られる。
4．それぞれの関係機関等の間で、役割分担について共通の理解を得ることができる。
5．それぞれの機関が責任をもってかかわることのできる体制づくりができる。
6．支援を受ける家庭にとってより良い支援が受けられやすくなる。
7．それぞれの機関の限界や大変さを分かち合うことができる。

3．支援対象

支援対象は、①要保護児童（保護者に監護させることが不適当な子ども）及びその保護者、②要支援児童（養育を支援することが特に必要と認められる子ども）及びその保護者、③特定妊婦（出産後の養育について支援が必要な妊婦）、の3つです。

Q.30 被措置児童等虐待防止制度について 教えてください

POINT

　児童福祉施設は、子どもの人権を擁護するための機関であり、そこで職員から虐待を受けることがあってはなりません。被措置児童等虐待防止制度は、もしそれが生じた場合に対応する制度です。

1．被措置児童等虐待防止制度の対象

　被措置児童等虐待防止制度（38ページ参照）は、里親、子ども家庭福祉施設など（乳児院、児童養護施設、児童心理治療施設など）で生活する子どもの養育にあたるものを対象としています。児童発達支援センター、保育所、幼保連携型認定こども園などは対象となっていません。

2．虐待の定義

　虐待は、児童虐待防止法に規定する4類型（11ページ参照）です。ただし、子どもが不適切な状況に置かれている、あるいは子ども間に暴力があるにもかかわらず、職員がその解消に向けた取り組みをしていない場合、ネグレクトとみなされます。

3．被措置児童等虐待防止制度を有効にするポイント

　この制度をより有効とするには、①子どもが声を発しやすい環境づくり、②子どもの声を押さえつけず、ありのままに聞くことのできる職員側の姿勢、③声を発した子どもをフォローする体制づくり、が必要です。

4．施設や自治体による取り組み例

　前記のような環境を整備する取り組みも進んでいます。取り組みは、施設協議会や自治体など、組織的なものもあります。

Q.31 虐待死亡検証制度のしくみは どうなっているのですか

POINT

　重篤な虐待を繰り返さないためには、犠牲となった子どもたちから、何が不適切であったのか、どこを改善すればいいのかを学ぶことが重要です。これは保育所等での人権侵害やヒヤリハット案件などでも同様です。

1．検証の目的

　虐待死亡検証制度（児童虐待等要保護事例の検証に関する専門委員会。32ページ参照）は、2004年の児童虐待防止法の改正で制度化されたもので、国および地方公共団体に実施を求めています。この制度の目的は、「子どもの死を無駄にすることなく、今後の再発を防止するため事例を分析・検証し、明らかとなった問題点・課題から具体的な対応策の提言を行うこと」にあります。あくまでも、子ども虐待の再発防止策を検討するもので、特定の組織や個人の責任の追及、関係者の処罰を目的とするものではありません。

2．検証の対象

　検証の対象は、虐待と認定されたものだけでなく、虐待とは断定できないがその疑いが濃いものも含まれます。虐待は、心中以外と心中に大きく分けられています。心中には、心中を企図したが完遂せず、子どもだけが死亡した事案（心中未遂）も含まれています。

3．検証結果の公表

　国の検証結果は、毎年、**子どもの虹情報研修センター**のホームページ [→QR] で公表されています。なお、このページには、地方公共団体が検証した報告書も掲載されています。

第2部

子ども虐待防止支援の基本

第4章

子ども虐待防止支援の基本的事項

子ども虐待を防いだり、
虐待を受けている子どもを
支援するための基本的な考え方や
心がまえをお伝えします。

Q.32 虐待防止支援における予防とは どういう意味なのでしょうか

POINT

　福祉問題に限らず社会的な問題への対応は、原則として予防的視点でおこなわれます。とりわけ子ども虐待の場合、多様な予防の視点をもたなければ、死亡に至る場合もあります。予防は、発生の予防だけでなく、多様な視点で考える必要があります。

予防の４段階

　予防には、発生予防（第１次予防）、早期発見・早期対応（第２次予防）、再発防止（第３次予防）の、３段階があるといわれています。予防というと、問題が生じないようにする、というイメージが強いかも知れませんが、早期発見・早期対応も問題の深刻化を防ぐ予防であり、再発防止も再び問題が生じることを防止するという意味で予防なのです。

　虐待問題の場合、これを４段階に分けて考えることが適当です。第２次予防である早期発見・早期対応は、問題により早く対応することで、それが重度化・深刻化することを防ぐという意味ですが、子ども虐待の問題は、すでに重度化した状態で発見されることも少なくありません。また、長期的な専門ケアが必要な場合も多くあります。早期発見・早期対応という言葉には、軽度な状態なら短期で解消できるというニュアンスがありますが、少なくとも子ども虐待の場合は必ずしもそうではないという意味で、新たな第３次予防として重度化・深刻化の予防という視点を導入する必要があります。

　４つの予防は循環するもので、図４－１に示すように、第４次予防は、再発を予防するという意味では、第１次予防と同じ機能をもつことになります。

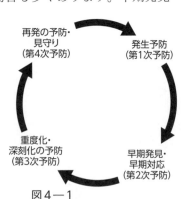

図４－１
子ども虐待：４つの予防
資料：筆者作成

①発生予防（第1次予防）

　問題を生じさせないための取り組みとしては、保護者や地域住民に、虐待や体罰が子どもにとって良くないことであるという意識をもち、行動化するよう啓発することです。具体的な支援としては、子育ての能力の向上をめざした親支援講座、相談や親子の交流などを目的とした地域子育て支援拠点事業などが考えられます。

②早期発見・早期対応（第2次予防）

　早期発見・早期対応においては、①深刻な社会的養護問題に発展する可能性のある親自身の気づきと、相談などの社会制度の利用意識の高揚、②相談しやすい社会制度あるいは市民制度づくり、③支援者および支援資源個々の発見力や早期対応力の向上、④社会的支援資源のネットワーク化などが重要です。**第1次予防と第2次予防は保育所等の重要な役割です。**

③重度化・深刻化の予防（第3次予防）

　重度化・深刻化の予防としては、①子どもの心の回復的ケア、②親子関係の再構築を含む適切な対応策の開発、③開発された対応策の実践と質的向上、などの段階に分けることができます。第3次予防は、保育所等の役割というよりも、入所施設を含めた専門機関の役割と考えた方がいいでしょう。

④再発予防・見守り（第4次予防）

　再発予防は、発生予防と同じ内容になります。第1次予防に含まれない取り組みとしては、回復者同士の交流による自助グループなどの取り組みや、一定期間の見守り（フォローアップ、アフターケア）も考えられます。

　保育所等は、日常的に子どもをみることのできる施設であり、一時保護解除後の見守りの場として活用されることはよくあります。

Q.33 虐待に気づくにはどのようなことに注意すれば いいのでしょうか

POINT

　虐待されている子どもに周囲が気づかなければ、直接的な支援は始まりません。虐待を発見するために、保育者は、虐待を受けている子どもに、よくみられる特徴を理解しておく必要があります。

虐待発見のポイント

　虐待発見のポイントを、4つの側面から例示しておきます。これらを含めて、各施設でチェックリストを作成し、注意が必要な子どもについて資料を蓄積しておくと、発見につながりやすいだけでなく、虐待通告（42ページ参照）や要保護児童対策地域協議会（59ページ参照）での協議の際にも役に立ちます。

①子どもの様子

　子どもに、次のような様子が頻繁に見られると要注意です。保育者は子どもの様子をしっかりと観察することが必要です。

子どもの様子（一例）

> ・アザ、傷、ケガが多い（脇腹、脇の下、内股など、見えにくい部分に特に注意）。
> ・着衣や頭髪が汚れている（臭う、洗濯をしていない、サイズが合わない等）。
> ・陰部が不潔である（腫れていたりすると、性的虐待の可能性もある）。
> ・食事やおやつを異常に食べる（特に、休み明けなど）。
> ・体重があまり増えない、身長があまり伸びない。
> ・大人の大きな声や大げさな仕草にひどく緊張する。
> ・性行為等をうかがわせる行動をよくとる
> 　（陰部を頻繁に触る、こすりつけるなども）。

②保護者の様子

　保護者は大人ですから、自分に不都合なことは隠したり、ごまかそうとしたりしがちです。説明の矛盾に気づく力も重要です。

保護者の様子（一例）

・家庭の様子・子どもの様子をあまり話したがらない。
・配偶者等と一緒の場合、緊張感がただよっている
　（一人の時とは矛盾したことを言う）。
・子どものケガやアザなどについての説明が実際と
　合っていない、説明をしたがらない。
・子どもの成長等に関心を示さず、
　自分中心の話をする。
・人前でも大きな声で叱責したり、
　叩いたり、蹴ったりする。
・子育て観、家族観、社会観などが
　一般とかなり異なっている。

③保護者と子どもとの関係の様子

　登降園時の親子関係の様子は、日常の親子関係を垣間みることができる、特に重要な場面です。

保護者と子どもとの関係の様子（一例）

・保護者の言葉に緊張した態度(視線)を見せる。
・保護者のお迎えを歓迎していない
　（帰りたがらない、話をしないなど）。
・保護者から子どもに対しても、子どもから保護者に
　対しても、あまり会話がない。

④友だちとの関係の様子

　友だちとの関係からも、虐待を疑う兆候をみることができます。

友だちとの関係の様子（一例）

・威圧的、攻撃的で暴力・暴言が多かったり、
　常に、支配したりしようとする。
・友だちと遊ぶことができず、孤立しがちである。

Q.34 虐待防止支援において保育所等が心がけるべきことは何ですか

保育所等として虐待防止支援に取り組む際に最も重視すべきは、チームとして対応するということです。チーム対応には、一貫した支援をおこなう、特定の職員に負担をかけない、他の保護者や子どもへの説明の一貫性という、3つの意義があります。

POINT

1. チームとして取り組む

　虐待事案の対応においては、**チームとして取り組むことが重要**です。チームとして対応することには、3つの意義があります。第1は、一貫した責任のある支援をおこなうことです。第2は、特定の職員にかかる負担を軽減できるということです。第3は、他の保護者や子どもへの説明に一貫性をもたせることができることです。

2. 一貫した責任のある支援体制

　一貫した責任のある支援のためには、あらかじめ、支援体制を構築しておくことが必要です。保育所等の勤務体制は、時差型の勤務が多く、一日中同じ職員が子どもを担当することはほとんどありません。担当する保育者が交替することで、保護者への言葉かけや子どもへのかかわり方が変わると、保護者は不信感をもつこともあります。

　実際の支援においては、問題が軽微な間は、子どもの担当者が中心になることが一般的ですが、その職員がどのように行動すべきか、組織として常に確認しておく必要があります。

　問題が少し深刻になってくると、保育を担当する保育者と保護者対応にあたる担当者を別々にした方が、支援が円滑に進むこともあります。このような場合、保護者への対応は、主任や管理職、あるいは看護師などの専門職が担当することが適切です。この場合も、職員としては相互に情報を共有する必要があります。

3．特定職員の負担軽減

　虐待事案への対応は、心身に大きな負担がかかりやすいものです。とりわけ攻撃的な保護者や、執拗に自己主張をする保護者との対応においては、担当者が精神的に追い込まれることもあります。

　保育者自身がこのような状況に陥っていると感じたときには、すみやかにチームに報告し、対応策を考える必要があります。周囲がそれを感じ取ったときも同様です。

　担当者は一人で抱え込むことなく、負担をチームで共有できるよう、できるだけ自ら声を発すべきです。また、直接担当しない職員も、担当者に責任を押しつけることなく、その人の支えになるような言葉かけや、活動の補助、分担という姿勢をもつ必要があります。

　責任は、「自分に対して果たすのではなく、子ども（の最善の利益）に対して果たす」という姿勢が重要です。

4．他の保護者や子どもへの説明の一貫性

　支援の過程において、簡単な朝食を出したり、保護者がすべきことを園が肩代わりしたりするなど、親子に特別の対応をするという計画を立てる場合も考えられます。このことに対して、他の保護者や子どもが異論や疑問を呈した場合も、チームとして取り組む姿勢ができていれば園としての方針を伝えやすくなります。

Q.35 スーパービジョンを受ける意味はどこにありますか

スーパービジョンは、経験の浅い人の実践力の向上、未経験な問題に対応する能力の向上、保育者の心理的支え、などを目的としています。優れたスーパーバイザーを身近に確保することは、保育者にとっても、組織にとっても重要です。

POINT

1. スーパービジョンの目的

スーパービジョンの目的は、大きく3つあります。第1は、**スーパーバイジー**（スーパービジョンを受ける人：保育者）を通じて、現にサービスを利用している人に対する支援の質の保証・向上を図ること、第2は、**スーパーバイザー**（スーパービジョンをおこなう人）からの指導・教育によって、保育者の基本的な支援能力を高めること、第3は、スーパーバイジーの心理的な支えとなり、**燃えつき（バーンアウト）症候群**等を防ぐことです。

とりわけ、支援困難な事案の場合、あるいは経験が豊富でない保育者がかかわる場合、スーパービジョンは必須です。

また、スーパービジョンを受けることは、保育者の**自己覚知**（79ページ参照）にもつながります。

2. スーパービジョンの機能

スーパービジョンの機能は、教育的機能、管理・運営的機能、支持的機能の3つです。図4-2には、三者の関係を示しています。

教育的機能とは、保育者として必要な知識・技能・態度について、支援の現場や問題に合わせて提示し、個人の能力を高めていくことをいいます。

管理・運営的機能とは、支援が計画にしたがって円滑に展開しているか、組織の業務の範囲内で展開されているかなどをモニターし、必要に

応じて修正することをいいます。

　支持的機能とは、保育者を一人の人として受け止める機能であり、保育者の自己肯定感を高め、自信をもって支援に取り組むための力を与えるものです。バーンアウトの予防にもなります。

　スーパービジョンを実施する際には、保育者の評価になったり、一方的な指導関係になったりしないよう注意する必要があります。

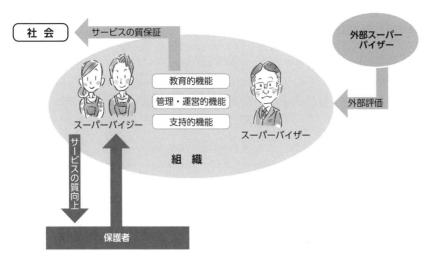

図4-2　スーパービジョンの構造
資料：筆者作成

3．保育所等とスーパービジョン

　スーパービジョンは、ソーシャルワーク実践では、非常に重視され、児童相談所や福祉事務所では制度的にも位置づけられています。保育所等では、制度上これを担う専門職は位置づけられていませんが、管理職、主任、キャリアアップ研修修了者などが、兼務として担うことが想定されています。

　スーパービジョンは、専門性が高いものであり、研修等により、内部にスーパーバイザーを確保するだけでなく、外部に求めることも検討しておくとよいでしょう。

Q.36 保護者との信頼関係はどのようにして 築けばいいのでしょうか

POINT

人とかかわる仕事においては、相手との信頼関係が重要です。ここでは、信頼関係を築きにくい理由、信頼関係を築くポイント等について考えます。

1．信頼関係を構築することの意義

　信頼関係（ラポール）は、人とのコミュニケーションを図るための基礎になるものです。たとえば、保育者が「昨日の晩ご飯は何でしたか」と尋ねた場合、保護者との信頼関係があると、食べたものをそのまま話されると思います。一方、信頼関係がないと、たとえば、家の状況を詮索されているのではないかと受け止められ、警戒されることもあります。

　信頼関係は、一方向に形成されるのではなく、双方向で形成されなければなりません。多くの保護者の場合、双方向から波長を合わせることが可能ですが、虐待をしている保護者や、虐待を受けている子どもの場合、他者を信頼することができない人もいます。このような場合、初期の段階では、保育者が一方的に保護者に合わせていく姿勢が必要となります。

2．信頼関係を築きにくい理由

　信頼関係を築けない理由の最大のものは、保護者がもっている、保育者・保育所等に対する不信感です。不信感の強い保護者は、自らの生い立ちのなかで、あるいは保育所等での経験などにおいて、裏切られた、信じてもらえなかった、自分の辛い状況を理解してもらえていない、といった気持ちをもっていることが多くあります。これは、事実であるかどうかではなく、本人がそう受け止めているという、保護者の主観としての事実なのです。

　主観的なものですから、理性や客観的視点で解きほぐすのは困難です。客観的な視点で対応すればするほど、保護者は責められていると感じ、ますます頑になりやすくなります。

　このような状況が繰り返されると、保護者は、寡黙になったり、逆にひどく攻撃的になったり、時には保育者の気持ちを損なうような言動をする場合も少なくありません。

3．信頼関係を築くポイント

　信頼関係を築くポイントは、表4-1に示す7つです。子どもに危害が生じる可能性が高い場合や保護者が自傷行為等を図る場合は除いて、**7つの原則**を大切にする必要があります。そのためには、否定的発言、他の作業をしながらの相談、などはできるだけ避けたいものです。

表4-1　信頼関係を築く7つのポイント

1．保護者（親）としての役割に寄り添うのではなく、人間としての保護者自身に寄り添う（個人の尊厳の尊重） 2．保護者が大切にしているものを尊重する（価値の共有） 3．秘密を守る（秘密保持） 4．指示や約束を多く求めず、本人の意思を尊重する（主体性の尊重） 5．うなずきを交えたり、相槌を打ちながら、しっかりと話を聞く（傾聴） 6．保護者の言葉や態度を否定せず受け止める（共感的受容） 7．安易な約束をしたり、約束を破ったりしない（契約の尊重）

資料：筆者作成

4．信頼関係構築の際に注意すべきこと

　信頼関係を構築する際に気をつけておくべきことは、一方的に頼られるとバランスが崩れるということです。また、目的を明確にしておかなければ、転移（たとえば、保護者が保育者に親密な感情や好意をもつこと）や、逆転移（保育者が保護者に親密な感情や好意をもつこと）が起こり、それに巻き込まれてしまいます。保育者自身が自分自身を大切にしながら、支援を継続するためには、客観的に支援関係を分析してくれるスーパーバイザーをもつことが重要です。

Q.37 子どもの状況や保護者対応の記録はどのようにすればいいのでしょうか

POINT

記録は、支援の展開を確認し、必要な場合に修正していく際の重要な資料となります。また、虐待が疑われる状況になった場合、要保護児童対策地域協議会や児童相談所が判断する際の重要な根拠となります。

1. 記録の意義

　記録あるいは情報は、アセスメント（88ページ参照）、計画策定、計画修正、などの際に、根拠となる重要な資料です。園内会議の資料、保護者との話し合いの際の根拠資料、保育者自身の活動の事実と振り返り素材、要保護児童対策地域協議会や児童相談所の取り扱い事案となった場合の判断材料など、様々な場面で活用されます。

2. 記録の方法

　記録法には、**叙述体**（日付順のありのままの記録）、**要約体**（見出しを立てたポイントのみの記録）、**説明体**（記録者の受け止めや解釈などを含めた記録）があります。虐待防止支援の記録は、説明体で書かれることがよくあります。ただし、虐待防止支援での説明体の記録は、時間経過に即して、客観的事実（保護者および子どもの状況、取り組み内容など）と主観的判断とを、第三者が見てもわかるように、整理しておく必要があります。その際、写真、保護者や子ども自身が書いたもの、測定データなども残しておくことが大切です。

3. 記録の管理

　記録あるいは情報の管理は、**収集**、**保管**、**開示**の３段階で考える必要があります。ほとんどの保育所等に、個人情報保護に関する規程があり、そのなかの管理に関する規定をしっかり読みましょう。

Q.38 児童相談所から記録の提出を求められた場合、対応しなければなりませんか

POINT

　守秘義務は、保護者との信頼関係を築くうえで重要ですが、あくまでも子どもの利益の保障を旨とするものであり、保護者の利益を保障するためのものではありません。

1．守秘義務に関する規定

　子ども虐待に関連する**守秘義務**については、個人情報保護法においても、児童虐待防止法においても例外扱いになっています。児童虐待防止法では、「児童虐待を受けたと思われる児童を発見した者」を通告対象としていますので（第6条第1項）、**子どもの利益になる情報提供依頼には、積極的に対応する必要があります。**

2．守秘義務が免除される意味

　守秘義務が免除される意味は、**子どもの最善の利益**の尊重という視点にあります。保育者が守るべきは、「保護者の利益」ではなく、あくまでも「子どもの利益」です。

表4-2　守秘義務と守秘義務違反およびその例外に関する規定

児童福祉法　第61条の2
　第18条の22の規定[*1]に違反した者は、1年以下の懲役又は50万円以下の罰金に処する。

個人情報保護法　第23条第1項第3項　第三者提供についての例外事項規定
　公衆衛生の向上又は児童の健全な育成の推進のために特に必要がある場合であって、本人の同意を得ることが困難であるとき。

児童虐待防止法　第6条第3項
　刑法（中略）の秘密漏示罪の規定その他の守秘義務に関する法律の規定は、第1項の規定[*2]による通告をする義務の遵守を妨げるものと解釈してはならない。

資料：筆者作成

＊1　保育士における守秘義務規定。
＊2　児童虐待の通告の義務に関する規定。

Q.39 予期せぬことが起こった場合の準備について教えてください

POINT

支援を進める過程で、全く想定していなかった出来事が発生することがあります。とりわけ、子どもの生命にかかわる状況となった場合の対応は重要です。

1．緊急事態や想定外のできごとへの対応の準備

虐待防止支援では、あらゆる出来事を想定しておくべきです。しかしながら、実際には、それぞれの事案に応じて、リスク度を判断し、どこまで事前に準備しておくかを考えるというのが一般的だと思います。

突然リスク度が何段階か上がる可能性がある状況が生じると、対応体制が整っていないことも少なくないと考えられます。

2．緊急事態や想定外のできごとと考えられる場面

保育所等や学校、子ども家庭福祉施設等で過去に起こった緊急事態や想定外の出来事を、いくつか表4－3に例示しておきます。

表4－3　緊急時と考えられる実際にあった場面

- 「離婚を考え別居しているので、父親のお迎えには応じないでほしい」という母親からの申し出が、非正規の保育者に伝わっておらず、子どももうれしそうにしていたので、迎えに来た父親と一緒に帰らせた。
- お迎えに来ないので保護者に連絡したが、連絡がつかない時間が続いた。
- 子どもが登園しない日が続き、保護者と連絡をとっていた。数日後、家庭訪問の約束を取り付けたが、その後全く連絡がつかなくなった。

資料：筆者作成

3．基本的に準備しておくべきもの

最悪の事態を想定した**緊急時対応マニュアル**（研修と訓練が必要）、**緊急時連絡先**（児童相談所、市区町村担当部局、警察、配偶者暴力防止センターなど）、リスクがある家庭の場合には、**複数の連絡先**などです。

Q.40 周囲からあなたは少し変わっているねと言われるのですが

POINT

　保育者も一人の人間です。支援を進めていると、自分とは違う考え方や生き方をしている人と出会うことが多くあります。なぜこのような状況になるのか、自分は何が変わっているのかを知ることは重要です。

1．自己覚知

　人間には、必ず自分自身も気づいていない部分があります。あるいは、保育者本人が思っていることと、他者がそれをどう感じているかにズレがあることもあります。このような状況が続くと、内的葛藤、怒りやいらだち、得体の知れない違和感が生じることがあります。これは、保護者においても同様です。少なくとも保育者は、**人とズレやすい部分など、自分のことをよく知り**[1]、**冷静に対応すること**が必要です。

2．保育者の葛藤

　保育者と他者とのズレはなぜ生じ、なぜ葛藤するのでしょうか。最も大きいのは、生育歴から生じるものでしょう。たとえば、ひとり親家庭で育つと、ひとり親の子どもに過度に感情移入したり、逆に拒否的になったりすることがあります。一方、貧困経験、いじめられ経験などは、**真逆の感情**を生じさせがちです。

　専門職教育と現実とのギャップ、保育所等の理念・方針や指導的職員との関係、保護者の子育て観、いずれも保育者が悩むもとになります。

3．葛藤のコントロール

　葛藤を避けることはできません。それを受け止め、コントロールすることができない場合、スーパーバイザー（72ページ参照）にあたる人に相談することが必要です。

＊1　自己覚知（self-awareness）

Q.41 保育者として保護者に向き合う際の基本姿勢を教えてください

POINT

虐待をしている保護者は親としての適切な自覚や態度を取ることができない状況にあることも多いです。あせらず、気持ちに余裕をもって向き合う姿勢が大切です。

1．保護者の子育て力を信じる

　すべの保護者は、大なり小なり子育てする力をもっています。それが発揮できていない要因を除去し、本来の力を発揮できるように支援する必要があります。

2．現状がスタート地点

　今をゼロと考えると、プラスの変化はすべて肯定的に受け止めることができます。常に肯定的に受け止めることで、保護者は、自信と自尊心を育てることができます。

3．目指すは依存的自立

　人は周囲の人に力を借りたり、制度を利用したりしながら、生きています。すなわち、環境に依存しながら生きているのです。依存は、人が自立するうえで当然のことです。保護者の環境活用力を高める支援、適切な環境を準備し、保護者自身に一人で抱え込ませないようにすることが必要です。

4．あきらめない姿勢

　これまで解説してきたことを含め、保護者に向き合う姿勢を総括したのが次の"**あきらめない姿勢**"です。

1．**あ**せらない
2．**き**たいしすぎない
3．**ら**くをしない
4．**め**だたない
5．**ない**ものねだりをしない
6．**いつも一緒よ**、というまなざし

あ せらない…保護者は自らの生いたちのなかでいろいろなものを身につけています。これを変えるには時間が必要です。変化させるのではなく、変化を待つという姿勢も必要です。

き たいしすぎない…「私がこんなに頑張ったんだから、保護者の方も頑張ってもらわないと困ります」。このように言われたらあなたはどう思いますか。このような言葉遣いは、対等であるべき支援関係を崩してしまいます。

ら くをしない…期待しないのだから適当に対応すればいい、というわけではありません。「子どもの最善の利益」を念頭に、しっかりと取り組む必要があります。

め だたない…変化は、できるだけ、保護者の内発性から生じるようにする必要があります。支援者は目立つべきではありません。

な いものねだりをしない…支援環境は常に最善のものとは限りません。何かがないからできないではなく、与えられた環境のなかで、支援を模索する必要があります。

い つも一緒よ、というまなざし…保護者がいくら攻撃的になったり、拒否的になったりしても、常に「そばにいるよ」、「あなたのことを気にしているよ」というまなざしをかけ続けることが大切です。

　それぞれの文の最初の文字をつなぐと、「あきらめない」となります。保育者は、決して、保護者のことをあきらめてはいけないのです。

第5章

子ども虐待防止支援のプロセス

子ども虐待を防いだり、
支援するにあたり、
実際にどのように進めていくかの
全体像と方法などを説明します。

Q42　保育者はソーシャルワーカーなのですか

POINT

　保育場面でのソーシャルワークの必要性がいろいろなところで主張されています。2013年には、日本保育ソーシャルワーク学会 [➡QR] という学会も設立されています。ここでは、保育者とソーシャワークとの関係について考えます。

1．保育者とソーシャワーク

　保育場面での**ソーシャルワーク**の必要性は多くの人が認めているところです。しかしながら、保育者がソーシャワークの担い手となることができるかどうかについては、様々な考え方があり、見解は一致していません。

　この本では、「保育者にはソーシャルワークの考え方やマインドは必要であるが、ソーシャルワークそのものをおこなうわけではない」という前提で、記述しています。学校場面ではスクールソーシャルワーカーの配置が進められていますが、これは決して教員が配属されるわけではありません。たとえ、保育者が虐待防止支援にかかわるにしても、これと同様に、保育者の専門性とソーシャルワーカーの専門性は別のものと考える必要があります。

2．保育所保育指針とソーシャルワーク

　保育所保育指針の本文にはソーシャルワークに関する記載はありませんが、保育所保育指針解説には、2か所登場します。

　その内容は、ソーシャルワークを担う機関は保育所以外にあるが、**ソーシャルワークについて理解しておく必要がある**こと、虐待防止支援などにおいては、**ソーシャルワークの知識や技術を援用することが有効である**可能性があること、となっています。保育士養成課程においては、科目「社会福祉」のなかで、ソーシャルワークの基本を学ぶことになっています。

表5－1　保育所保育指針解説におけるソーシャルワーク

①保育所における子育て家庭への支援は、（中略）ソーシャルワークの中核を
　担う機関と、必要に応じて連携をとりながら行われるものである。そのため、
　ソーシャルワーク（中略）についても理解を深めた上で、支援を展開してい
　くことが望ましい（347頁）。
②保育士等は、（中略）内容によっては、それらの知識や技術に加えて、ソーシャ
　ルワークやカウンセリング等の知識や技術を援用することが有効なケースも
　ある（354頁）。

資料：厚生労働省「第4章　子育て支援」『保育所保育指針解説』2018年　p.347, 354

3．地域連携推進員とソーシャルワーク

　2020年度から、保育所等に**地域連携推進員**を配置することができる
ようになりました。地域連携推進員の主な業務は表に示すとおりです。
地域連携推進員は、「保育士、社会福祉士、精神保健福祉士の資格を有
する者、保健師、看護師、その他本事業を適切に実施できる者」とされ
ており、少なくともソーシャルワークを理解していることを前提とした
業務と考えられます。

表5－2　地域連携推進員の業務

①保育士等が有する専門性を活かした保護者の状況に応じた相談支援。
②市区町村や関係機関と連携し、要支援児童等の心身の状態や家庭での生活、
　養育の状態等の適切な把握及び情報の共有。
③要保護児童対策地域協議会が開催する個別ケース検討会議に参加し、支援方
　針や具体的な支援内容の共有。
④子育て支援や虐待予防の取組等に資する地域活動への参加等の実施について
　取り組む。

資料：厚生労働省「令和元年度全国児童福祉主管課長会議説明資料（保育課・少子化総合対策室関係）」
　　　2020年
　　　https://www.mhlw.go.jp/content/11920000/000601768.pdf

Q.43 ソーシャルワークの基本のプロセスを教えてください

POINT

　ソーシャルワークは、社会福祉の専門的援助技術です。保育所保育指針解説では、保育士等も「ソーシャルワークの基本的な姿勢や知識、技術等についても理解を深めた上で、支援を展開していくことが望ましい」とされています。

1．ソーシャルワークの基本プロセス

　ソーシャルワークの基本プロセスは、図5-1に示す通りです。

　まずは、保護者（家族を含む）が、支援機関とつながります。虐待等の場合には、第1段階では関係機関から持ち込まれることが多く、保護者が主体的にくることはあまりありません。ソーシャルワーカー自ら、支援が必要と考えられる人に接近する(**アウトリーチ**)ことも必要です。

　この出会いは、支援関係が始まること（受理・契約）を意味しています。契約は、相互の同意が原則ですが、必要な場合には、保護者の同意なしに、ソーシャルワーク機関が職権として開始することもあります。**職権介入**は、緊急性や安全の確保などを目的としておこなわれます。

　受理された事案は、何が問題となっているのか、なぜそれが生じているかなど、内容を丁寧に分析（**見立て**）する必要があります。これを**アセスメント**といいます。適切なアセスメントをするためには、保護者のみならず、関係者や関係機関から情報を収集し、個人ではなくチームとして、総合的に検討する必要があります。

　アセスメントは、問題の解決の方向（目標）や解決の方法などを検討する重要な資料となります。これを目標設定・実施計画策定といいます。

　実施計画が策定されると、実行段階となります。実施状況は、目標や計画に照らし合わせて、随時評価される必要があります。評価の結果、目標が達成されていたら終結となります。大きく内容を変えずに継続実施する場合、一定の期間を経て再評価します。また、状況の変化などによって目標を変えたり、計画内容を変更したりすることもあります。そ

の分かれ目となるのが振り返り・評価です。

　重要な段階については、次項以降で引き続き説明していきます。

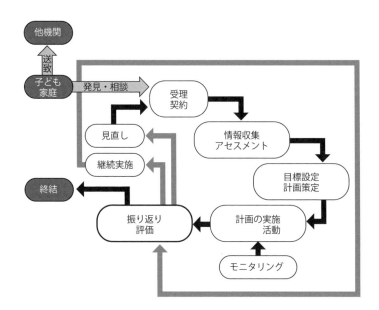

図5−1　ソーシャルワークの基本プロセス
資料：筆者作成

2．ソーシャルワークと保育実践の共通性

　PDCAサイクルという言葉を聞いたことがありますか。Plan（計画）、Do（実行）、Check（評価）、Action（改善）の頭文字をつないだものです。元々は企業の業務管理で使われていたものですが、今では多くの分野で導入されています。

　ソーシャルワークのプロセスも、これと同様です。一般の保育活動でも採用されており、子どもの状況の把握、計画の立案、実行、振り返り、必要があれば修正をおこなっているはずです。

　PDCAサイクル、ソーシャルワークの基本プロセス、保育実践のプロセスは、すべて共通していることを意識しておくと、虐待防止支援の協働実践において、話し合いがうまくいく可能性が高くなります。

Q.44 情報収集・アセスメントの項目はどのような内容なのでしょうか

POINT

適切な情報収集と、それに基づくアセスメントは、虐待防止支援のもっとも中心となるものです。

1．アセスメントの意義

　アセスメントは、それぞれの事案における問題点や課題を抽出する作業のことで、「見立て」ということもあります。

　アセスメントにしたがって解決目標を立て、目標にしたがって実践するという支援計画の入り口の段階に位置づけられます。適切なアセスメントのためには、情報収集とそれを分析する力が重要です。アセスメントを間違えたり不十分であったりすると、どんなに優れた保育者であっても、的の外れた実践をおこなってしまう可能性が高くなります。アセスメントは、初期に一回おこなって終わりというわけではなく、家族構成の変化、転居、発病など、重要な状況に変化があると、適宜おこなうことが求められます。

2．収集すべき情報の基本

　収集すべき情報の例は表5－3に示すとおりです。これはあくまでも例示にすぎません。地域の保育所等が、市区町村と相談しながら、共通の指標を作成し、研修を繰り返すことで質をあげていくことが期待されます。

　また、子どもや保護者の発言、子どもの様子がわかる写真なども、必要に応じて残しておくことが重要です。これについては、大阪府が保健関係者用に作成しているアセスメントシートや記入方法が参考になります（「乳幼児虐待リスクアセスメント指標記入の手引き」
[➡QR]）。

3．保育者および保育所等の役割

　支援の「主」を保育所等にするのか否かによって、役割は大きく変わってきます。保育所等を「従」に位置づけ、市区町村や児童相談所が「主」となる場合、保育所等の役割は情報収集と情報提供（76ページ参照）になります。この場合、保育所等が収集する必要がない項目もでてきます。

表5－3　収集すべき情報の例

大項目	中項目	小項目	
子どもの状況	生活の基本	・摂食状況 ・登園状況	・保健衛生状況 ・登降園時の状況
	心身の状況	・未熟児／障がい児 ・健康状態	・発育状況
	行動面の特性	・精神症状 ・保護者への態度	・気になる行動
保護者の状況	子どもとの関係	・養育状況／養育能力 ・きょうだいへの関わり	・愛着性
	心身の状況	・精神症状 ・薬物依存	・人格特性
	養育態度	・体罰や虐待への意識 ・過去に体罰	・被虐待経験 ・虐待あり
	行動面の特性	・社会性の有無 ・感情コントロール	・保護者間のトラブル
	保育所等との関わり	・冷静に話し合いをしようとしない ・質問に対する回答が曖昧（登園できなかった理由、ケガの説明等） ・園の活動や要望に非協力的あるいは無関心	
	生活状況	・家事をしない ・ゲームや遊興依存	・夜間就労
家庭の状況	夫婦関係	・婚姻関係 ・DV関係	・夫婦間の不和 ・多子
	住居の状況	・家財道具の整い方 ・引っ越しの頻度	・衛生環境
	経済面の状況	・収入状況	・生活保護や手当等の受給
	親族との関係	・親族との関係 ・サポートの可能性のある人	・サポートしている人
	近隣や社会との関係	・近隣との関係	・社会制度の利用
特記事項		（※上記にないもので、特に必要な情報があれば記入）	

資料：筆者作成

Q.45 アセスメントの際に使うマッピング技法をいくつか教えてください

POINT

　収集した情報を一つの図に落とし込み、事案の全体像を概観するのがマッピングです。よく使われるマッピング技法は、ジェノグラム、エコマップ、ファミリーマップの3つです。

1. ジェノグラム、エコマップ、ファミリーマップの特徴

　代表的なマッピング技法は、ジェノグラム、エコマップ、ファミリーマップの3つです。

①ジェノグラム

　親族の構造を示すもので、親子関係、年齢関係、婚姻関係、同居関係が大きな要素になります。婚姻関係のなかには、離婚、再婚、ステップファミリー、内縁関係なども含まれます。虐待やDVのある家庭では、複雑な家族・親族関係であることが多く、全体像を知るのには有効です。

②エコマップ

　支援対象者と、当人を取り巻く人間関係や社会資源との関係を、図式化したものです。エコマップの目的は、複雑な人間関係を一つの平面に書き込むことで、保護者を取り巻く、人間関係・社会関係の全体像を知ることにあります。

　エコマップがあると、支援対象者について、保育現場のみならず、各関係施設および機関や関係者と話し合う際や引き継ぐ際にも、支援者についての現状を共通認識するために活用できます。

③ファミリーマップ

　ジェノグラムとエコマップの要素を組み込んだものであり、ジェノグラムとエコマップがあれば、ファミリーマップも間接的に理解できることになります。したがって、まずは、ジェノグラムとエコマップを書く

ことができるようになってください。

2．モデル事例

　実際にジェノグラムとエコマップを書いてみるために、簡単な事例を
提示します。

　Aさん（23）は、3姉妹の次女です。子どもの頃、父親（45）から虐待を受
けて育ってきました。母親(42) も守ってくれなかったという意識があり、今
でも関係は良くありません。長女（25）と三女（20）は、今でも実家で同居
しています。

　Aさんは、中学卒業後家を出て、一人暮らしをしながら生活をしていた頃、
職場の人と結婚し、10代で子ども（5）を一人もうけましたが、3年ほどで離
婚しました。その後、Bさん（30）と内縁関係となり、少し発達が遅れている
第2子（1）が生まれました。

　Bさんは無職で朝から酒を飲む日々。Aさんが飲食店で仕事をしながら生活
を支えています。子どもは2人とも、こども園に預けています。

　Bさんは、子どもが一人の時は継子をかわいがってくれていたのですが、実
子が生まれてからは、継子にはあまりかかわってくれません。Aさんが見てい
ないところで、叩いたり罵声をあびせたりしているようです。そのこともあっ
て、最近では夫婦関係もギクシャクしています。長女は子どものことを気にかけ、
時々電話をかけて相談にのったり、家にも来たりしてくれています。

　こども園では、二人とも元気に過ごしています。送迎は主にAさんで、担当
保育者に、家庭の様子をつらそうに話しています。たまにBさんが迎えにくる
こともありますが、保育者を避けるように下の子をベビーカーに乗せ、上の子
は引きずるようにして帰って行きます。

　担当保育者のCさんは、D主任とともに話を
聞く機会を持とうとしましたが、以前に別の保
育士に批判的な言葉かけをされたことがあり、
今は話したくないということでした。地域との
関係も悪く、とりわけ主任児童委員は口うるさ
いと、嫌っているようです。健診で出会った保
健師も気にかけていますが、Aさんは、特段の
思いは感じていないようです。

3．ジェノグラムを書いてみる

　ジェノグラムは図5－2の通りです。○は女性、□は男性、本人は2重線（◎、▣）にします。点線の囲いは同居関係を表しています。夫婦の場合、原則女性を右側に書きます。子どもは、年齢順に左から書きます。2本の斜線は離婚を示しています。

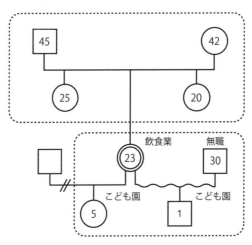

図5－2　ジェノグラム

4．エコマップを書いてみる

　エコマップは図5－3の通りです。実線のみは良好な関係で、線が太いほど良好であることを示しています。点線は、関係のある人物ですが、現在は、特に関わりがないものを意味しています。矢印がついている線は支援関係です。これに斜線が多く入ると、本人は好意的に受け止めていないという状況を示しています。点線の囲いは同居関係や生活の共有関係を表しています。

　この図を見ると、Aさんは、姉を除き親族との関係が良くないこと、地域住民や地域の支援機関との関係も良くないことがわかります。このマップに登場する人物では、姉と担当保育者以外は話ができる人がほとんどなく、孤立した状態で子育てをしている状況がうかがえます。

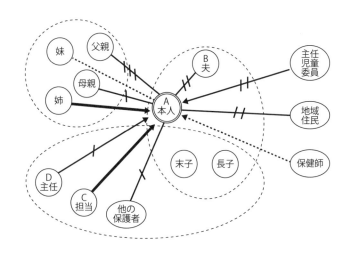

図5－3　エコマップ

5．記述法に関して

　マッピングの際に用いる記号は、完全に同一ではなく、書き手によって異なることがあります。書物もたくさん出ていますし、ネットで検索すればいくらでもヒットします。少なくとも同じ職場や法人では、共通の記号を用いるようにすることが望ましいと考えられます。市町村がマニュアル等で例示している場合、それを用いるようにしましょう。

Q.46 虐待防止支援計画策定のポイントはどのような点にありますか

POINT

アセスメントをもとに、何を目的として、どのような取り組みをするかを考えるのが虐待防止支援計画です。

1．目標の意味

目標は、問題解決の方向、あるいは、どのような支援をなすべきかを示すものです。また、計画の進捗状況を振り返る指標ともなります。

2．目標設定・実施計画策定

目標設定・実施計画策定は、会議等を通じて**複数の目**を介しながらおこなうべきです。たとえ一人でおこなうことになった場合でも、必ず、スーパーバイザーあるいは主任や園長等の点検を受ける必要があります。連携機関がある場合、連携内容によって、協働作成も考えられます。

目標設定・実施計画策定においては、できるだけ保護者の参加を図り、内容を共有することが求められます。その際、保護者がもつ個人的資源や活用できる社会資源を積極的に活用するよう努める必要があります。

保護者の参加が困難な場合も多いと考えられますが、その場合でもできるだけ結果は報告する必要があります。このことを通じて保護者は、何を求められているのか、気づくことができる可能性があります。

状況は時間とともに変化します。関係者によるモニタリング、あるいは自己点検を通じて、時には、目標や計画を修正することも必要です。

3．保育所等における取り組み

保育所等が主となって支援をおこなう場合は、上記の通りですが、それ以外の場合、主となる機関と全体の目標を共有したうえで、連携機関として保育所等の下位目標を協働で作成することが望ましいといえます。

Q.47 計画を実行する際に注意すべきことがありますか

POINT

　計画を具体的に展開するのが実行段階です。保育所等では、日常的に保護者と直接向き合っていますので、慎重に対応する必要があります。

1．信頼関係を大切にすること

　ソーシャルワークは、保育者と保護者との**信頼関係**（74ページ参照）の上に成り立っています。信頼関係が崩れる原因は、支配的な関係になる、人格を傷つける発言や態度をとる、成果が上がっていないことを強調する、などにあります。また、支援はあせらず、相手のペースを尊重しながら展開する必要があります。

2．計画と現実の関係を常に意識

　保育者は、現在取り組んでいることが、目標や計画のどの部分に該当するか、言い換えると何のためにおこなっているのかを意識しておく必要があります。

3．柔軟な対応

　うまく支援が展開できない理由が、計画に問題があったり、状況が変化したりしたことによる場合もあります。このような状況では、計画を柔軟に変更することが必要です。

4．小さな変化でも認めること

　変化を認めてもらうことは、多くの人にとってうれしいことです。で**きていないこと、目標まであとどれだけ、などを指摘するのではなく、小さな変化でも認めることは、保護者のエンパワメント**にもつながります。

Q.48 モニタリングは何のためにするのですか

POINT

取り組みが、目標や計画にしたがって、適切に進んでいるかどうかは常に意識しておく必要があります。モニタリングは、そのための手続きです。

1．モニタリングの目的

　モニタリングとは、支援の状況・経過を見守るということを意味します。言い換えると、支援が計画通りに進んでいるかを点検するということであり、点検の内容によって、目標や計画を見直すことを目的としています。

2．モニタリングの方法

　モニタリングは、保育者自身がおこなうだけでなく、保育所等の組織、あるいは組織内のスーパーバイザー（72ページ参照）あるいはそれに相当する人などによってもおこなわれます。保育者自身がおこなう場合、できるだけ、保護者とともに振り返りができることが望ましいと考えられます。組織でおこなう場合は、事例検討会議（ケース会議）など、他の職員とも共有できることが望ましいと考えられます。

　モニタリングは、日常生活や、面接場面の観察などを通じておこなわれることも多いです。とりわけ、送迎時の様子、子どもの保育所等での発言や行動などは重要な点検場面です。チェックリストを活用するなどの方法も考えられます。

3．モニタリング結果の活用

　モニタリングの結果は、保育者、保護者双方による支援成果の確認、支援の終結の決定、目標や計画の修正、などに反映されます。修正する場合、新たなアセスメント（再アセスメント）の機能をもつことになります。

Q.49 終結したあともフォローする必要がありますか

POINT

虐待は再発する可能性があります。いったん終結したとしても、それをフォローする必要があります。これを、フォローアップあるいはアフターケアといいます。

1. フォローアップ・アフターケアの目的

　フォローアップとは、目標が達成したことにより、集中的な支援が終結したあとも、再発の防止や見守りを目的として、保護者にかかわることをいいます。**アフターケア**は、それをもっと積極的に展開することで、定期的な相談や家庭訪問などを計画的におこなうことをいいます。

　フォローアップ・アフターケアの目的は、支援終結後の変化へのすみやかな対応や、保護者の不安に寄り添うことにあります。保育所等を日常的に利用している親子の場合、日々の保育活動においてこれをおこなうことが必要です。

2. 支援の復活

　フォローアップ・アフターケアにおいて、問題が再発していることが疑われる状況となった場合、再度アセスメントをおこない、目標そのものの見直しをおこなったり、目標は変えずに計画の中身のみを変更したりする必要があります。

3. 小学校への引き継ぎ

　保育所等の関わりは、原則として、小学校入学前ということになります。したがって、支援が終結しないままに小学校に引き継ぐ必要のある事案も少なくありません。

　虐待事案の場合、転居も時々ありますので、転居前後の保育所等との引き継ぎも想定しておくことが必要です。

Q.50 保護者が分離保護に同意しない場合の手続きについても知っておきたいのですが

　虐待をしている保護者のなかには、一般論として子どもとの分離に抵抗を感じる人だけでなく、子どもにおこなった行為そのものを認めない人、行為は認めるがそれを虐待とは認めない人、行為を虐待と認めると生活上支障があり認めがたい人など、さまざまな理由で、子どもが保護されることに同意しない人もいます。法律では、このような状況での手続きを何段階かで規定しています。

POINT

１．分離保護の手続き

　子どもと保護者の**分離保護**は、大きく２段階でおこなわれます。第１段階は**一時保護**、第２段階は、児童福祉法第27条第１項第３号に基づく**入所措置**です。いずれも児童相談所の業務で、市区町村や保育所等では実施することができません。

　一時保護（44ページ参照）については、すでに紹介していますので、そちらをご覧ください。ポイントは、同意保護を原則としつつも、子どもにとって必要な場合には、職権による保護も可能ということです。

２．児童福祉法第27条第１項第３号に基づく入所措置

①児童福祉法第27条第１項第３号に基づき、保護者の同意を得て分離

　児童福祉法第27条第１項第３号の規定は表５－４の通りです。これは、保護者が同意した場合に適用されるものです。

表５－４　児童福祉法

第27条第１項第３号 　児童を小規模住居型児童養育事業を行う者若しくは里親に委託し、又は乳児院、児童養護施設、障害児入所施設、児童心理治療施設若しくは児童自立支援施設に入所させること。

②家庭裁判所の審判を経て分離

　児童相談所は分離が必要であると判断しているにもかかわらず、保護者が同意しない場合には、児童相談所は家庭裁判所に分離の審判を申し立てます。この申し立ては、表5－5に示す規定に基づいてすすめられます。この措置の有効期間は2年で、延長の必要があるときは再度申し立てをすることが必要です。

　この手続きは、親権に影響を及ぼすものではなく、親権は引き続き保護者にあります。

表5－5　児童福祉法

第28条第1項第1号
　保護者が親権を行う者又は未成年後見人であるときは、家庭裁判所の承認を得て、第27条第1項第3号の措置を採ること。

③親権を制限しての分離

　分離後も保護者の介入等があり、子どもにとって適切でないと考えられる場合、子ども、親族、未成年後見人、児童相談所長などを通じて、親権の制限の申し立てをおこないます。

　親権の制限は、親権一時停止（民法第834条の2）と親権喪失（同第834条）の2段階があります。一時停止は最長2年間とされています。

3．関連する手続き

　保護者が同意しないあるいは相談に応じないなどの状況で、児童相談所がとる措置としては、立入調査、（再）出頭要求、裁判所の許可を得ての臨検、捜索などが、児童福祉法や児童虐待防止法に規定されています。なお、立入調査の際には警察署の協力を求めることができます。

第6章

子ども家庭福祉施設における子ども虐待防止支援

保育所・幼稚園・認定こども園や、乳児院・児童養護施設等が子ども虐待防止支援において果たす重要な役割についてお伝えします。

Q.51 虐待防止支援における保育所等の意義はどこにありますか

POINT

　虐待防止支援において、保育所等は重要な役割を果たします。保育所等の果たす役割や意義を理解することは、支援を進めていく際の基本として、保育者が常に意識しておくべきことです。

1．子育て支援を通じての虐待防止支援

　保育所保育指針解説には、「保育所の子育て支援は、児童虐待防止の観点からも、重要なものと位置付けられている」という記載があります。保育所に限らず、幼稚園においても、幼保連携型認定こども園においても、子育て支援は位置づけられています（105ページ参照）。**保育所等における虐待防止支援は、子育て支援という観点から進められる**ものです。

2．保育所等における虐待防止支援の意義

①子ども虐待防止支援の専門機関ではない

　「専門機関」でないというと誤解があるかも知れませんが、**専門機関ではないが、虐待防止にも貢献できる施設である**ということです。このことは、虐待防止支援においては重要なことです。

　虐待防止支援は、問題の状況によって多様に準備されるべきです。すなわち、児童相談所などの専門機関と連携、協働しながら保育所等が主体となっておこなわれる支援もあれば、専門機関が主体となり、保育所等が連携、協働する支援、さらには、分離保護後の支援のように、保育所等はかかわらず、専門機関中心におこなわれる支援もあるということです。

②身近な存在としてかかわることができる施設である

　前項と関連して、専門機関でないがゆえに、「虐待」という言葉を使用せず、身近な存在としてかかわることができるということです。保護

者を虐待者、あるいはその疑いがある人と位置づけてしまうと、保育者との間に相互に溝が生じる可能性が出てきます。

③日々利用している親子も、地域の親子も視野に入れている

　保育所等は日々利用する施設であり、親子の日常を知ることができます。虐待防止支援においては、日常的にかかわることができるということは、安全確認、早期発見、親子の変化に対応できるということです。また、日々登園すべき親子が登園しない日が続くということは、早期発見のきっかけともなる重要な事象です。

　一方、保育所等は、地域の子育て支援も視野に入れた施設です。園庭開放、保育相談、親子遊びプログラム、一時保育などを通じて、虐待防止支援に貢献します。

④子どもにも、親にも寄り添うことのできる職員がいる

　専門職員が配置されているわけではありませんが、保護者支援や子育て支援を業務の一つにした保育者(106ページ参照)がいることも強みです。親子双方に同一施設で対応するということは、家庭の全体像を知ることができることになります。

⑤分離保護を避けることができる

　虐待防止支援は、親子の分離をできるだけ避けることができるようにすることをまずは重視します。保育所等の利用を通じて、一定時間は親子が離れて生活でき、かつ必要に応じて直接的な支援も提供できるという意味で、大きな意義があります。

表6-1　保育所等における虐待防止支援の5つの意義のまとめ

1．子ども虐待防止支援の専門機関ではない。
2．身近な存在としてかかわることができる施設である。
3．日々利用している親子も、地域の親子も視野に入れている。
4．子どもにも、親にも寄り添うことのできる職員がいる。
5．分離保護を避けることができる。

Q.52 子育て支援と虐待防止支援はどのように 関係しているのですか

> 子育て支援というと、相談、情報提供、助言などによる対応、あえて問題とは言わなくてもいいような、子育て期に多くの人が出会う悩みへの対応というイメージがあるかも知れません。しかし、虐待支援を広くとらえると、両者は深い関係にあることがわかります。

POINT

1．子育て支援と虐待防止支援

　4つの予防（66ページ参照）を思い出していただけますか。第1次予防は発生予防、第2次予防は早期発見・早期対応でした。子育て支援は、この2つの予防と大きくかかわっています。また関係機関と連携することによって、第3次予防の重度化・深刻化の予防ともつながります。施設退所後の支援では、第4次予防のアフターケアや再発の予防にも関係します。

　「今向き合っているのが、虐待問題かどうか」あるいは、「子育て支援と虐待防止支援はどう違うのか」という分断の視点ではなく、連続性あるいは重なりを意識していただきたいと思います。福祉問題における分断の視点は、結果として、支援の隙間を生み出しやすくなります。

2．保育所等における子育て支援

　子育て支援には、それぞれの根拠法において、表6−2に示すように、保育所では努力義務（児童福祉法第48条の4第1項）、幼稚園では自主努力（学校教育法第24条）となっています。認定こども園では、幼保連携型認定こども園の目的の一つとして義務づけ（認定こども園法第2条第7項）られています。残る認定こども園の3類型（保育所型、幼稚園型、地方裁量型）については、認定の手続きを規定する条項（第3条第2項第3号）で、子育て支援が義務づけられています。表6−2では、子育て支援事業の内容を規定する、認定こども園法第2条第12項を記

載しました。

　また、それぞれの指針・要領等では、子育て支援の対象は、現に施設を利用している親子と、地域で子育て支援を利用している親子の双方であることが明記されています。

表6－2　保育所等における子育て支援

保育所	保育所は、当該保育所が主として利用される地域の住民に対してその行う保育に関し情報の提供を行い、並びにその行う保育に支障がない限りにおいて、乳児、幼児等の保育に関する相談に応じ、及び助言を行うよう努めなければならない。
幼稚園	幼稚園においては、第22条に規定する目的を実現するための教育を行うほか、幼児期の教育に関する各般の問題につき、保護者及び地域住民その他の関係者からの相談に応じ、必要な情報の提供及び助言を行うなど、家庭及び地域における幼児期の教育の支援に努めるものとする。
認定こども園	この法律において「子育て支援事業」とは、地域の子どもの養育に関する各般の問題につき保護者からの相談に応じ必要な情報の提供及び助言を行う事業、保護者の疾病その他の理由により家庭において養育を受けることが一時的に困難となった地域の子どもに対する保育を行う事業、地域の子どもの養育に関する援助を受けることを希望する保護者と当該援助を行うことを希望する民間の団体若しくは個人との連絡及び調整を行う事業又は地域の子どもの養育に関する援助を行う民間の団体若しくは個人に対する必要な情報の提供及び助言を行う事業であって主務省令で定めるものをいう。

3．子育て支援の内容

　法律に規定される子育て支援の内容のポイントは、施設によって順番は異なりますが、**情報提供**、**相談**、**助言**の3つが共通の内容となっています。取り扱う問題は、保育所は「保育」、幼稚園は「教育」、認定こども園は「養育」となっていますが、これは施設の特性による表現の違いに過ぎず、違いを強調することに意味はありません。

Q.53 保育者が子育て支援や虐待防止支援にかかわる根拠はどこにありますか

> 　保育所等は、位置づけの違いは少しあるものの、すべて子育て支援が求められています。さらに、子育て支援のなかに、虐待防止支援が含まれています。このことについては指針・要領の解説の項で紹介します（108ページ参照）。ここでは、保育者がそこで何を期待されているかについて考えます。

POINT

1．法律にみる保育者の業務等

　保育士は児童福祉法、幼稚園教諭は学校教育法、保育教諭は認定こども園法に、それぞれの業務が規定されています（表6－3）。

　業務として、子育て支援について最も明確に位置づけられているのは保育士です。保育士の業務の一つは、「児童の保護者に対する保育に関する指導を行うこと」とされています。一般的に、**保護者支援**、**保育指導**などとよびます。保育士養成課程では、これを、子ども家庭支援論や子育て支援（演習）のなかで学びます。保育士は、就学前の子どもの施設だけでなく、児童養護施設などにも配置されていますので、すべての保育士に課せられた業務ですが、保育所に勤務する保育士には、児童福祉法第48条の4第2項で、子育て支援のための知識や技術を維持向上するための努力義務が課せられています。

　幼稚園教諭については、法律上の規定はありません。しかし、幼稚園にも子育て支援が位置づけられていること、これを担う専任の職員が配置されていないことから読み解くと、幼稚園教諭、指導教諭、主幹教諭などが担うことが想定されていると考えられます。

　保育教諭は、保育士資格を有するものを原則としています。法律には具体的に規定されていませんが、養成プロセスで、子育て支援理念を含め、保育士と同様の学びをします。

表6-3 保育者の業務等

保育士	児童福祉法第18条の4	この法律で、保育士とは、(中略)、児童の保育及び児童の保護者に対する保育に関する指導を行うことを業とする者をいう。
	児童福祉法第48条の4第2項	保育所に勤務する保育士は、乳児、幼児等の保育に関する相談に応じ、及び助言を行うために必要な知識及び技能の修得、維持及び向上に努めなければならない。
幼稚園教諭	学校教育法第27条第9項	教諭は、幼児の保育をつかさどる。
保育教諭	認定こども園法第14条第10項	保育教諭は、園児の教育及び保育をつかさどる。

2．業務遂行にあたって心がけるべきこと

　虐待防止支援における保育者の業務は、すでに随所に示してきました。ここでは改めて、業務遂行にあたって心がけるべきことを4点確認しておきます。

　第1は、**子どもの利益**を中心に考えるということです。支援の過程で、保護者の考え方と子どもの利益がぶつかり合うことがあります。このような状況では、特に心がけていただきたいことです。

　第2は、子どもの保育自体は、他の子どもとできるだけ同様にしつつも、**養護の視点**については、必要に応じて特段の配慮をすることが必要ということです。とりわけ、栄養や保健衛生については、気を配っていただきたいものです。

　第3は、**保護者との信頼関係の構築**に注力することです。そのためには、**子育てする親という役割に寄り添うこと**以上に、**人としての保護者自身に寄り添う**という姿勢が大切です。

　第4は、保護者の力を信頼し、できている点をしっかり認めてあげるということです。できていないことを指摘するより、できているところを評価する方が有効です。

Q.54 保育所保育指針等では虐待防止支援をどのように位置づけていますか

> 　保育所等は、虐待防止支援を直接目的とする施設ではありませんが、利用している子どもや地域子育て支援でかかわる子どものなかには、虐待を受けているもの、その疑いがあるものが含まれていることもあります。保育所保育指針等において、虐待防止支援がどのように記載されているかを確認しておきます。

POINT

1．指針・要領と虐待防止支援

　保育所等の教育・保育内容は、保育所保育指針、幼稚園教育要領、幼保連携型認定こども園教育・保育要領に基づいて実施されます。また、それぞれを詳述するものとして、解説（書）が公表されています。

表6－4　指針・要領と虐待防止支援

保育所保育指針	**第3章 健康及び安全** 　子どもの心身の状態等を観察し、不適切な養育の兆候が見られる場合には、市町村や関係機関と連携し、児童福祉法第25条に基づき、適切な対応を図ること。また、虐待が疑われる場合には、速やかに市町村又は児童相談所に通告し、適切な対応を図ること。
	第4章 子育て支援 　保護者に不適切な養育等が疑われる場合には、市町村や関係機関と連携し、要保護児童対策地域協議会で検討するなど適切な対応を図ること。また、虐待が疑われる場合には、速やかに市町村又は児童相談所に通告し、適切な対応を図ること。
幼稚園教育要領	幼稚園教育要領には記載がないが、同解説の**第3章第2節 子育て支援**で、2段落を用いて、関係機関との連携・協力、守秘義務免除について記載している。ただし、主体となってかかわる趣旨の記載はない。
幼保連携型 認定こども園教育・ 保育要領	**第4章 子育ての支援 第2 幼保連携型認定こども園の保護者に対する子育ての支援** 　保護者に不適切な養育等が疑われる場合には、市町村や関係機関と連携し、要保護児童対策地域協議会で検討するなど適切な対応を図ること。また、虐待が疑われる場合には、速やかに市町村又は児童相談所に通告し、適切な対応を図ること。

　指針・要領における虐待防止支援の記載内容は、表6－4に示すとおりです。幼稚園教育要領には、直接記載がありませんが、解説には、保育所保育指針と同様の内容が記載されています。

2．保育所保育指針解説と虐待防止支援

　虐待防止支援については、保育所保育指針が最も詳細に記しています（表6－4）。同解説では、さらに詳細に記述しています（表6－5）。そのなかでも、307〜309頁には、子どもの状況を把握する際のポイントが詳細に記載されていますので、ぜひ、目を通してください。概要のみ、以下に示しておきます。

①身体の状態を把握するための視点

　低体重、低身長などの発育の遅れ、栄養不良、不自然な傷やあざ、骨折、火傷、虫歯の多さあるいは急な増加、など。

②情緒面や行動の状態を把握するための視点

　おびえた表情、表情の乏しさ、笑顔や笑いの少なさ、極端な落ち着きのなさ、激しい癇癪（かんしゃく）、泣きやすさ、言葉の少なさ、多動、不活発、攻撃的行動、衣類の着脱を嫌う様子、食欲不振、極端な偏食、拒食・過食、など。

③養育状態を把握するための視点

　不潔な服装や体で登園する、不十分な歯磨きしかなされていない、予防接種や医療を受けていない状態、など。

④保護者や家族の状態を把握するための視点

　子どものことを話したがらない様子や子どもの心身について説明しようとしない態度が見られること、子どもに対する拒否的態度、過度に厳しいしつけ、叱ることが多いこと、理由のない欠席や早退、不規則な登園時刻、など。

表6−5　保育所保育指針解説における虐待防止支援のポイント

- 保育所の子育て支援は、児童虐待防止の観点からも、重要なものと位置付けられている（16頁）。

- 児童虐待防止法にある通告義務は、守秘義務より優先されることに留意しなければならない（31頁）。

- 日々の心身の健康状態の確認や継続的な把握及びその記録は、不適切な養育の早期発見につながったり、児童虐待への対応における根拠資料となったりすることがあり、子どもの人権を守る視点からも重要である（35頁）。

- 疾病や傷害発生時、虐待などの不適切な養育が疑われる時など、それぞれの状況に活用できるマニュアルを作成するなどして基本的な対応の手順や内容等を明確にし、職員全員がこれらを共有して適切に実践できるようにしておくことが必要である（306頁）。

- 虐待等の早期発見に関しては、子どもの身体、情緒面や行動、家庭における養育等の状態について、普段からきめ細かに観察するとともに、保護者や家族の日常の生活や言動等の状態を見守ることが必要である。それらを通して気付いた事実を記録に残すことが、その後の適切な対応へとつながることもある（307頁）。

- 保護者が何らかの困難を抱え、そのために養育を特に支援する必要があると思われる場合に、速やかに市町村等の関係機関と連携を図ることが必要である。特に、保護者による児童虐待のケースについては、まずは児童相談所及び市町村へ通告することが重要である。その後、支援の方針や具体的な支援の内容などを協議し、関係機関と連携することが必要になる（308頁）。

- 保護者に不適切な養育等や虐待が疑われる場合には、保育所と保護者との間で子育てに関する意向や気持ちにずれや対立が生じうる恐れがあることに留意し、日頃から保護者との接触を十分に行い、保護者と子どもの関係に気を配り、市町村をはじめとした関係機関との連携の下に、子どもの最善の利益を重視して支援を行うことが大切である（354頁）。

- 育児不安を和らげ、虐待の防止に資する役割が保育所にも求められていることを踏まえ、地域の子育て家庭を受け入れていくことが重要である（357頁）。

- 虐待の防止や必要な対応を積極的に進めるとともに、要保護児童対策地域協議会での情報の共有や関係機関等との連携及び協力を図っていくことが求められる（360頁）。

3．幼保連携型認定こども園教育・保育要領解説と　虐待防止支援

　幼保連携型認定こども園教育・保育要領解説においても、序章第2節3　幼保連携型認定こども園の役割、第1章総則第3節7　保護者に対する子育ての支援、第3章健康及び安全第2節健康支援 (5) 虐待の予防・早期発見等の対策などで、保育所保育指針解説とほぼ同様の内容が記載されています。幼保連携型認定こども園の役割については、「子どもの最善の利益を第一に考える社会を目指すことを基本に、子どもが虐待、酷使、放任その他不当な取扱いから守られ、健やかな成長が図られる安全で安心な環境を整備することが必要である」と、虐待防止支援が、幼保連携型認定こども園の役割であることを明記しています。

Q.55 社会的養護関係施設における虐待防止支援の意義やポイントについて教えてください

POINT

　保育士の職場としては、入所施設もあります。社会的養護にかかわる施設は、虐待防止支援にも大きな役割を果たしています。ここでは、入所施設における虐待防止支援の意義やポイントについて解説します。

1．虐待防止支援にかかわる社会的養護関係施設

　虐待防止支援にかかわる社会的養護関係施設で、保育士が働いている代表的な施設は、**乳児院**、**児童養護施設**、**児童心理治療施設**、**児童自立支援施設**、**母子生活支援施設**です。

①乳児院

　乳児院は、乳児（特に必要のある場合には、幼児を含む）を入所させて養育すること、退所した者について援助をおこなうことを目的とする施設です。乳児の一時保護は一時保護所ではできないため、乳児院や病院でおこなわれることが多くなっています。

　新しい社会的養育ビジョンの理念にしたがい、里親（57ページ参照）等の家庭養護（56ページ参照）、保護者に養育の意思がないと確認された場合、（特別）養子縁組の手続きの支援などもおこないます。また、親子の生活を取り戻すために、親子訓練棟（室）などを設置し、専門家が身近に見守るなかで、生活訓練などをおこなっている施設もあります。

②児童養護施設

　児童養護施設は、保護者のない子ども（特に必要のある場合には、乳児を含む）、虐待されている子どもなどを入所させて養護すること、退所した者について、自立のための援助をおこなうことを目的とする施設です。

　虐待で分離保護される中高生など、高年齢の子どもの入所が増加しており、心に深い傷を負っている（心理的ケアの必要な）子ども、生活習

慣そのものが身についていない子どもも増えています。施設やケア単位の小規模化は少しずつ進んでいますが、入所児の状況の変化のなかで、里親などの家庭養護の推進は十分には進みにくい状況にあります。

③児童心理治療施設

　児童心理治療施設は、社会生活への適応が困難となった子どもを入所させ、社会生活に適応するために必要な心理治療や生活指導をおこなうこと、退所した者について援助を行うことを目的とする施設です。通所部門をもつ施設もあります。

　社会的養護関係施設のなかでは、虐待を受けた子どもの割合が7割以上と最も多い施設で、心理的ケアを担当する職員も、他の施設よりは多く配置されています。家庭から措置されてくる子どもだけでなく、児童養護施設から措置変更で利用する子どももいます。

④児童自立支援施設

　児童自立支援施設は、非行を犯したあるいはそのおそれがある子ども、環境上の理由により生活指導の必要な子どもを入所させ、必要な指導をおこない、自立を支援すること、退所した者について援助をおこなうことを目的とする施設です。虐待を受けた経験のある子どもは、児童養護施設と同程度の割合（6割弱）存在します。

⑤母子生活支援施設

　母子生活支援施設は、母子をともに入所させて保護し、自立促進のための支援をおこなうこと、退所した者について援助をおこなうことを目的とする施設です。

　母子生活支援施設は、母子家庭のみとはいえ親子で生活できる数少ない施設です。相談の窓口も、児童相談所ではなく福祉事務所（都道府県、全ての市、福祉事務所を設置した町村）で、より身近なところとなっています。また、DV防止法に基づく保護機能も実質的に果たしており、配偶者等からの暴力を理由にして入所しているものが半数を超えます。

2．社会的養護関係施設の意義

①子どもに、安全かつ安心な環境を提供できる

　社会的養護関係施設は、「安産の里」（22ページ参照）でいうと、継続的に同じ大人がかかわるという意味での安定感は十分ではありませんが、子どもに虐待や体罰のない環境で生活できるという安全性、自分の育ちや、チャレンジを温かく見守ってくれる安心感を備えています。

　したがって、保育者が安全、安心を脅かすことは、子どもの心を再び傷つけること（二次被害）になり、厳に慎まなければなりません。

②虐待者と分離した24時間、365日のケアができる

　24時間の生活をともにすることで、「育ち直し」という視点が組み込まれ、自己存在感の確認、自己肯定感の醸成、関係性のなかでの存在力（社会のなかで生きていく力）の形成などが、総合的に育ちやすくなります。これは、保育所や幼保連携型認定こども園における「養護」と共通するものがあります。

　そのためには、保育者は子どもとの信頼関係の構築に努め、それを裏切らないようにすることが重要です。

③学齢期の子どもには、学校教育が保障されている

　虐待を受けている子どもたちのなかには、小学校や中学校に通うことができないあるいは通わせてもらえない環境にあったり、その結果、学校や教育への関心が薄らいでしまったりしているものも少なくありません。

　社会的養護関係施設[*1]では、**学校教育は保障**されています。高校進学率についても、全日制高校で84.6％、定時制高校、通信制高校、専門学校、各種学校などを加えると98.4％となります（2017年度中学校卒業生：全国児童養護施設協議会調査）。高校を卒業し、大学や短期大学等に進学したものも50.1％と、半数に達しています。

④多様な専門職が配置されている

　社会的養護関係施設には、保育士、児童指導員、心理療法担当職員、里親支援専門員、家庭支援専門相談員、看護師など、多様な専門職が配

[*1]　一部の児童自立支援施設では、学校教育が保障されていない所もあります。ただし、教育は提供されています。

置されており、多角的な支援ができる体制にあります。また、児童相談所などの外部専門機関とも連携・協働しやすい関係にあります。

⑤退所後の自立支援も業務とされている

それぞれの施設の目的にも示したように、退所後の支援（アフターケア）も業務の一つとなっています。これは、第4次予防（再発予防、見守り）の機能ということができます（66ページ参照）。

表6－6 社会的養護関係施設5つの意義のまとめ

1．子どもに、安全かつ安心な環境を提供できる。 2．虐待者と分離した24時間、365日のケアができる。 3．学齢期の子どもには、学校教育が保障されている。 4．多様な専門職が配置されている。 5．退所後の自立支援も業務とされている。

資料：筆者作成

3．社会的養護関係施設の理念と原理

社会的養護関係施設には、種別ごとの「**運営指針**」、里親およびファミリーホームについては「**養育指針**」を明らかにし、ケアの標準を示しています。

それぞれの指針においては、共通の基本理念と、原理を示しています。基本理念は、①子どもの最善の利益のために、②すべての子どもを社会全体で育む、の2つです。原理としては、表6－7に示す6つを掲げています。

表6－7 社会的養護の原理

1．家庭的養護と個別化 2．発達の保障と自立支援 3．回復をめざした支援 4．家族との連携・協働 5．継続的支援と連携アプローチ 6．ライフサイクルを見通した支援

資料：筆者作成

Q.56　障がい児関係施設・事業における虐待防止支援の意義について教えてください

　障がいを理由に虐待を受ける場合もあります。このような状況では、障がいに着目した支援と、虐待に着目した支援を組み合わせて取り組むことが必要です。

1．虐待防止支援にかかわる代表的な障がい児関係施設・事業

①障害児入所施設

　障害児入所施設は、障がい児を入所させて、日常生活の指導、独立自活に必要な知識技能の習得などをおこなうことを目的とする施設です。治療もあわせて目的とする場合は、医療型障害児入所施設、そうでない場合は、福祉型障害児入所施設といいます。

②児童発達支援センター

　児童発達支援センターは、障害児入所施設の目的とほぼ同様の内容を、通所により実施する施設です。障害児入所施設と同様、医療型と福祉型があります。

③放課後等デイサービス

　放課後等デイサービスは、小学校、中学校、高等学校、特別支援学校などに就学している障がい児を対象として、放課後、休業日（土日、祝日、夏休み等長期休業中など）に、生活能力の向上のために必要な訓練、社会との交流の促進などをおこなうことを目的とする事業です。障がいのある子どものための放課後児童健全育成事業・放課後児童クラブということもできます。

④居宅訪問型児童発達支援

　居宅訪問型児童発達支援は、重度の障がいなどによって、児童発達支援センターや放課後等デイサービスを受けるために外出することが困難な子どもについて、訪問支援員（保育士、看護師など）が居宅を訪問し、

日常生活における基本的な動作の指導、知識技能の付与、生活能力の向上のために必要な訓練などを提供することを目的とする事業です。

⑤保育所等訪問支援

　保育所等訪問支援は、保育所等、学校、放課後児童クラブ、乳児院、児童養護施設などを、指定を受けた事業所の専門職員が訪問し、障がい児以外の子どもとの集団生活への適応のための専門的支援などをおこなうことを目的とする事業です。

2．障がいのある子どもと虐待

　ほとんどの保護者は、少なくとも、妊娠初期は子どもに障がいがあることを想像することなく過ごしています。妊娠中あるいは出産後に障がいがあることがわかると、徐々にそれを受け入れていくことができる保護者もいますが、なかなかその事実を受容（**障がい受容**といいます）できない保護者もいます。

　周囲にも障がいのある子どもの養育経験者がほとんどいないなかで、経済的負担だけでなく、身体的、精神的負担もつのりがちです。障がい児を産んだこと自体への自責の念、社会からの過剰な応援メッセージ、逆に、社会の好奇の目なども保護者を精神的に追い込むことがあります。このような多様な負担が、子ども虐待につながる可能性があります。

3．障がい児関係施設・事業における虐待防止支援の意義

　障がい児関係施設・事業における虐待防止支援の意義は、保育所等の意義（102ページ参照）、社会的養護関係施設の意義（114ページ参照）において示した内容と共通する部分が多くあります。保育所等と同様、虐待防止支援の専門機関ではないため、虐待という言葉を直接使うことなく支援することで、保護者のしんどさを受け止めやすい点は、大きな強みです。

　保育者には、**「あきらめない」**姿勢（80ページ参照）で取り組むことが求められます。

第３部

子ども虐待防止支援の実際

第7章

目的別でみた子ども虐待防止支援の実際

保育所・幼稚園・認定こども園において、
子ども虐待を未然に防ぐために
行われている支援の事例を紹介します。

目的
1

目的 1　支援の入り口としての関係づくり

> 　支援の始まりは、本人やその周囲の人が気づいて支援機関につながることにあります。まずはつながり、そこ（れ）が本人にとって少なくとも不愉快でない場所、さらに居心地がいい場所であるなら、よりよい支援関係を構築する可能性が高くなります。本事例は、園庭開放から丁寧に関係づくりをした幼稚園の取り組みです。

POINT

1．A幼稚園の取り組み

　A幼稚園では、地域への取り組みとして、毎週月・水曜日の午前中、火・木曜日の午後、園庭開放をしています。さらに、土曜日には、外部から、公認心理師を招いて、専門相談をしています。

　園庭開放は、基本的には、園内にある遊具や教材を使い、決められた空間で、親子が自由に交流することを目的とするのですが、毎回、自由参加で30分程度、保育者が提供するプログラムもあります。

2．母親への関わり

①園庭開放に参加していた保護者の「気づき」

　園庭開放に参加していた保護者同士が、玄関の方を見ながら、「あの親子、さっきから何回もなかをのぞき込んでいるよね」、「前も見たような気がする」と話していました。これを耳にした保育者が玄関の方を気にしていると、再びその親子がやって来ました。

保育者：「お子さん何歳ですか。来年は幼稚園かな」
母親　：「来年３歳です」
保育者：「一緒に遊んでいきますか。暑いですし、日陰もあるので」
母親　：「今日はいいです」

　短い会話をしましたが、無理に誘うことはせず、子どもに関する一般的な話だけにとどめました。帰り際、１か月のプログラムカレンダーを

受け取ると、親子は頭を下げて帰っていきました。

②母親の発言による保育者の気づき

　数回後の園庭開放の日、また親子が園の外に現れました。そのことに気づいた保育者が近づいて声をかけると、「家では、ＤＶＤばかり。もっと一緒に遊びたいのですが、どうしていいかわからない。身体を使った親子遊びに参加してみたくて」とのこと。

　親子は、周囲の人と話すこともなく、親子遊びに参加していました。プログラムが終わり、保育者は、お母さんに「どうでしたか」と声をかけました。「楽しかったです。うちの子が、初対面のお子さんと、あんなに楽しそうに遊んでいるのが不思議でした」。「何度か参加しようと思ったのですが、他のお母さんが若くて、同世代の人がいないんです。別のところで、2～3回参加したことがあるんですが、『〇〇か月のお子さん同士で集まってください』など、子ども中心の集まりばかりで、年の違うお母さん同士の会話に合わせるのがつらいんです」。

③新しいプログラムの立ち上げ

　保育者は、母の言葉に「はっ」とし、子ども向けのプログラムが中心で、一人の人間としての親向けのプログラムが少ないことに気づきました。その後、母の世代別のプログラムを企画しました。すると、同世代の親が、自分の子どもの頃の話や青春時代の話で盛り上がっていました。きっかけを作った母は、「自分を取り戻せたような気がします。40代ではじめて子どもを授かった人の悩みに、すごく共感できました」と笑顔で帰って行きました。

3．幼稚園のとった行動のポイント

1．深刻でない事例の場合、無理をしてつながず、本人の意思を尊重した支援をする。
2．参加者の声を生かした企画を提案する。
3．子ども中心のプログラムだけでなく、時には親向けのプログラムも企画してみる。

目的 2　早期発見・早期対応

　早期発見、早期対応は、問題が重度化・深刻化してい
くのを防ぐ重要なポイントです。日頃から、虐待の兆候
を意識しておくと、早期発見につながりやすくなります。
本事例は、日頃の研修や体制づくりが功を奏したA保育
所の取り組みです。

POINT

1．取り組み体制づくり

　A保育所は、外部研修への派遣にも、内部研修の実施にも熱心な園です。
虐待防止の研修も、複数回職員が受講しており、そのなかで、アセスメ
ント（88ページ参照）や事前の体制づくりの重要性を学んでいました。

　これを受け、A保育所では、日頃実習等でつながりのある大学の先生
と一緒に、市区町村の『不適切な養育チェックリスト』を参考にしなが
ら、施設独自のアセスメントシートと事実や経過を記録するファクトシー
トを作成しました。これをもとに、年に何回か、気になる家庭のアセス
メントを、内部研修としておこなっていました。

　体制づくりについても、虐待の程度に応じた対応組織をつくるととも
に、外部資源の一覧表や連絡先などを、ファイルしておき、職員なら誰
もが、いつでも見ることができるようにしています。

表7-1　ファクトシート（一例）

年月日	時間	事　実	確認者・記録者	備考

2．早期発見・早期対応の実際

①早期発見

　気づきは、Bさんが登園してもあまり活動的でない、親が迎えに来て

もうれしそうにしない、虫歯が気になるなど、ネグレクトにかかわるチェック項目がいくつかあったことです。担当保育者は、「アセスメントシートに正式に記録することを会議で提案した方がいいかな」と同僚に話しかけました。

②保育所での検討

　保育所では、担当保育者を中心に、アセスメントシートの点検をおこなったところ、担当保育者が知らない情報も加わり、ネグレクトの可能性が高いという結論に至りました。虐待かどうかを判断するのは保育所の任務ではなく市の任務であること、保育所にとって重要なのはBさん親子をどう支援するかであること、などを確認し、市役所に連絡することにしました。また、外部との連絡窓口および全体の管理は、副園長がおこなうことも決定しました。

③早期対応

　副園長は、即日、市の担当者に状況を電話で連絡し、翌日、資料のコピーを持参しました。市役所からは、「これまで通り記録をしっかりとること。すみやかに要保護児童対策地域協議会の個別ケース検討会議を開催して、保育所でおこなうべき支援を一緒に検討する」と言われました。1週間後会議が開催され、保育所ではこれまで通りの対応を継続することと、ケガやアザがある、不登園が続くなど、状況に変化があった場合、すぐ市役所か児童相談所に連絡するよう、指示を受けました。

3．保育所のとった行動のポイント

1．虐待対応のシミュレーションが、日頃からできていたことが功を奏している。
2．すみやかに対応体制を構築し、内部検討している。
3．具体的情報をもって市役所へ連絡するとともに、保育所の役割を確認している。

---

3 重度化・深刻化の予防

> 　虐待は認められるが、分離保護をするほどではないという状況の子どもが、保育所や認定こども園を利用するのは珍しいことではありません。それは、日中だけでも親子が離れて生活することで、親のストレスの解消や自分自身の時間を持つことができる、さらには子どもの様子を毎日確認できる、などの利点によるものです。

POINT

1．事案の概要

　A保育所には、3歳、2歳、0歳のきょうだいが通っています。第3子はアレルギーがひどく、保育者は、母に「専門医を受診してみたらどう。かかりつけの先生に相談してもいいし、園から紹介することもできますよ」と伝えました。

　しかし、母は病院に行こうとはせず、「長男もアトピーだったけど、何もしなくても問題なかった」と答えるだけ。しかし、長男のアトピーは、実際にはよくなっている訳ではありません。

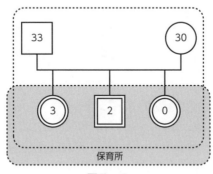

図7-1

2．虐待の発覚

　休み明けのある日、長男の太ももの内側に大きめのアザが見つかりました。保育者が母に理由を聞くと「遊んでいて、机の角にぶつけた」と

話しました。机の角にぶつかって太ももの内側にアザができるのは不自然なので、きょうだい3人の身体をよくみると、古いアザらしい跡が、どの子にも見つかりました。長女に聞くと「お父さんが怖い」とのこと。

　園長と相談し、アザの写真をとり、これまでの記録とともに、町役場に虐待通告をしました。役場の担当者は、家庭訪問しました。その翌日、父が保育所に怒鳴り込んできました。「役場に伝えただろう。個人情報の漏示で訴えてやる」。園長は、毅然とした態度で、「子育てって大変ですよね。でも、必要なのに病院に連れて行かないとか、アザができるような子育てをするのは、たとえ親でもだめなんです」と伝えました。

3．保育所の対応

　保育所は、役場と相談し、当面、注意深く見守りながら、親を支援することにしました。園長は、父の仕事が休みの日、父と面談しました。はじめのうちは、保育所への不満ばかり話していましたが、30分ほど経つと、「リストラされ夜間警備の仕事をしているが、生活に余裕がない。母は家事が苦手でほとんどしない。親戚や地域からも孤立して相談する相手がいない。自分でも良くない状況とわかっているが、どうしていいかわからない」と話しました。園長は、社会福祉協議会にお願いして、きょうだい3人が週1回の子ども食堂に行くことができるようにしました。また、ボランティアが交代で、週2回、母と一緒に洗濯や掃除をしたり、話し相手になったりする機会も作りました。さらに、保育所でも、登園すると園長室で軽食を食べることができるようにしました。

　その後も生活状況は大きくは改善していませんが、何とか親子で生活できる状況が続いています。

4．保育所および園長のとった行動のポイント

1．良くないことは受け入れられないとしつつも、改善の方向を提案している。
2．孤立している父および母への寄り添う姿勢をみせている。
3．最低限、衣食が確保できる体制を調整している。

目的 4　一時保護に至る事案での保護者支援

> 　一時保護（44ページ参照）の目的の一つは、子どもが安全かどうかを確認することにあります。言い換えると、「疑わしさ」をぬぐい去る作業ですが、保護者にとっては子どもを無理矢理に奪われる許しがたい出来事ともなります。一時保護のプロセスにおいて、保育者はどのように対処すればいいのでしょうか。

POINT

1．一時保護に至る状況

　母子家庭のA（4）とB（2）のきょうだいは、認定こども園（以下、こども園）を利用しています。子どもは明るい性格で、友だちも多く、楽しく過ごしていました。半年ほど前、Aが「昨日、おじちゃんと一緒に遊んだ。おじちゃんは時々家に来る」と話しました。

　その頃から、母の表情が少し暗くなり、送迎時も顔を隠すようにして、園を後にします。おしゃべりだったAもあまり家のことを話さないようになりました。また、Bは、「体調が悪い」ことを理由に、時々、こども園を休むようになりました。ある日、Aが「家に帰りたくない。おじちゃんが怖い。Bがいじめられている」ともらしました。

2．こども園のとった行動

　こども園は、市役所に相談しました。市役所からは、「家庭訪問して様子をうかがいます。なぜこども園を休んだかに関する母の説明、Aの発言などはできるだけ、そのまま書き留めておいてください。また、アザなどがないか、特に、着衣の見えにくい部分に注意してください」との指示がありました。

　市役所が家庭訪問したと連絡があってから数日経ったとき、母が降園時に暗い顔で園長の前に現れました。園長は、部屋に招き入れ話を聞きました。「市役所は、私が、虐待をしたと疑っている」と涙を流しました。

園長は、「疑われてつらかったね」と声をかけ、母の肩を軽くなでながら、話し始めるのを待ちました。「同居している男性が、子どもにきつく当たる。私にも暴力を振るう。でも、彼と別れることはできない」。園長は、「子どもも、彼も大切なんですね。何かあったらまた部屋を訪ねてね」と答えました。

　こども園の情報は、1週間ごとに市役所に報告していました。市役所は、何度か家庭訪問をし、内夫とも話をしましたが、話はすれ違いのようです。母はただ、黙っているだけとのことです。Bだけでなく、Aのアザもひどくなり、2人ともほとんど登園しなくなりました。

　市役所からの相談を受けた児童相談所は、結局一時保護をすることとなり、こども園に連絡がありました。一時保護の翌日、母が園長室を訪れ、「児童相談所が子どもを連れて行った。ひどい」と抗議しました。「確かに納得できないですよね。でも一時保護は、子どもの安全のためにおこなうものなので、家が子どもたちのために安心できる場とわかったら、子どもたちは帰ってきますよ」と園長は伝えました。このようなやりとりをして別れました。

　2か月ほどして、母が訪ねてきました。「彼と別れました。もう2度と会いません。児童相談所は、そのことが確認できたら、家に帰すと言っています。そうしたら、またこども園に通っていいですか」。園長は、「良かったですね。みんな待っていますよ」と軽く抱きしめました。

3．こども園および園長のとった行動のポイント

1．虐待に対する対応は、市役所等に任せ、園はできるだけ普段通りの対応している。
2．市役所の指示にもとづき、記録をとり情報を丁寧に提供している。
3．母の気持ちに寄り添い、指示的な発言や否定的な発言を控えている。
4．一時保護についても、母を責めず、解除が決まると、前向きな対話に努めている。

目的5　再発の予防

> 　虐待を理由に、一時保護されていたり、施設入所措置をされていたりした乳幼児が家庭復帰した場合、保育所等の利用を条件にしていることは少なくありません。保育所等には、再発の予防に有効な機能（67ページ参照）があるからです。ここで紹介する事例は、施設を退所した子どもを受け入れた認定こども園の取り組みです。

POINT

1．事案の概要

　A（5）は、1歳で認定こども園（以下、こども園）に入所しましたが、半年ほどたったとき、父（27）の母（25）に対するDVで、乳児院に入所、3歳の時、児童養護施設に措置変更となりました。両親への指導は、児童相談所と施設が継続的におこなっていました。

　5歳を迎える4月、「小学校は地域の学校に行かせたい」という両親や、父方・母方双方の祖父母の意向が表明されました。そこで、児童相談所は、施設退所後はこども園に通わせること、父方、母方双方の親族が日常的にかかわること、市が実施しているDV防止プログラムに父が通うことなどの条件をつけ、夏休みの間に措置解除しました。

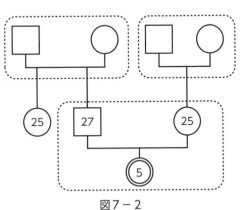

図7－2

2．こども園における取り組み

①支援計画の策定

　こども園では、施設退所後の子どもを受け入れるのは初めてのことで、

どのように対応すればいいか、不安がありました。そこで、市役所と児童相談所との三者協議のなかで、こども園としての対応方法を確認しました。

②支援計画の内容

　協議の結果、こども園がおこなうべき支援は、以下のような内容になりました。

　第1段階は、日常の対応です。ここでは、登降園時の母の表情や態度、さらには服装などに着目して記録をとること、家庭の様子で気になる発言があれば、できるだけそのまま記録すること、などに努めました。また、質問する形ではなく、日常の保育活動のなかで、子どもが発する言葉や表情で気になることがあれば、書き留めるようにもしました。これらは、定期的に市役所に報告することになっています。また、父だけで送迎に来た場合、必ず、母の様子をさりげなく聞くことにしました。

　第2段階は、緊急時の対応です。事態が急変した場合、こども園は、市役所と児童相談所の双方に連絡をすることになっています。

③経過

　計画にしたがって、こども園は取り組みを進めました。見守り期間は約半年でした。何度か父だけで送迎に来ることもありましたが、翌日母に確かめると、父の説明との間に齟齬はなく、特に問題のない状況でした。翌年4月、Aは、無事小学校に入学することになりました。小学校への引き継ぎも終了し、こども園としての取り組みは終結しました。

3．こども園のとった行動のポイント

1．分離経験があることを考慮し、支援計画を市役所と児童相談所とともに作成した。
2．緊急時を想定した計画を作成した。
3．支援計画にしたがって支援を進行している。
4．父母を追い込まないよう、冷静に対応している。

第8章

子ども家庭福祉施設等における子ども虐待防止支援の取り組み

虐待のリスクのある
家庭やケースについて、
様々な場で取り組まれている
支援の事例を紹介します。

1 保育所と要保護児童対策地域協議会が連携した取り組み

> 　保育所は、虐待予防支援でさまざまな役割を果たすことができます。ここで紹介する事例は、要支援と要保護の境界にある事案に、保育所と要保護児童対策地域協議会が連携して、虐待の深刻化を防いだものです。
>
> POINT

1．事案の概要

　Aちゃん（2）は、母（軽度知的障がい）が21歳の時、交際していた男性との間に生まれました。男性は、妊娠がわかると家を出て行きました。母は家事が苦手で、家は雑然としており、食事はコンビニで買ったものが中心でした。保健師のすすめで、1歳から保育所を利用しています。

　母は、23歳の時、別の男性（24）と結婚し、ステップファミリーとなりました。男性は、DV傾向があり、母は顔を腫らせ、マスクをした状態で保育所にやってくることがあります。子どもには暴力は振るっていないようです。

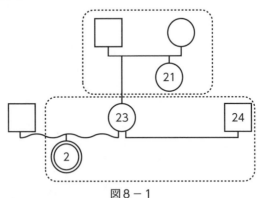

図8−1

2．要保護児童対策地域協議会での協議

　保育所からDVの疑いがあるという連絡を受けた市では、要保護児童対策地域協議会個別ケース検討会議を招集し、保育所にも呼びかけ、支

援方法を検討しました。

　その結果、①当面は保育所で様子を見てもらう、②子どもにアザや傷などがあったら、それを記録すると共に、すみやかに市に報告する、③子どもが欠席した場合には、必ず家庭に連絡するとともに、市にも報告する、④地区担当の民生児童委員に時々様子をうかがってもらう、⑤週末や時間がある時に、近くに住んでいる妹（21）に訪問してもらい、食事を作ったり、惣菜をバランス良く買ってきてもらったりする、などを決定しました。

3．保育所での取り組み

　要保護児童対策地域協議会の決定を受け、保育所では、対応体制を検討しました。まず、主たる担当は担当保育士としつつも、送迎時にパート保育士が勤務となっているときには、できるだけ主任保育士が顔を出し、様子をうかがうことにしました。また、母子を含む関係者の気になる言葉や表情等は具体的に記録し、基本情報を含め、必ず複数でチェックすることとしました。

　取り組みを開始してから少し時間が経つと、母は、それまであまり話さなかった家の様子を、少しずつ話してくれるようになりました。最初の頃は怒鳴ったり、手を上げたりすることもあった夫が、だんだんそのような行為をしなくなったそうです。母が言うには、「妹や民生児童委員が家事を手伝ってくれ、家が片付いたり、食事も充実してきたりしたのが、夫を落ち着かせたのではないか」ということでした。

4．取り組みのポイント

1．ＤＶの疑いをすみやかに市に連絡している。
2．要保護児童対策地域協議会の決定にしたがって、保育所内での取り組みを具体的に検討している。
3．母へ積極的に声かけをしている。
4．フォーマル・インフォーマルな資源の活用が図られている。

取り組み 2　認定こども園と児童相談所の連携で一時保護ができた取り組み

> POINT
>
> 　認定こども園は、多様な利用が可能であり、虐待予防支援でもさまざまな役割を果たすことができます。ここで紹介する事例は、ネグレクトの疑いのある子どもの一時保護にかかわった、認定こども園の事例です。

1．事案の概要

　B（2）は、母が18歳のとき、交際していた男性との間に生まれました。男性は、母が妊娠していることがわかると、いなくなってしまいました。母は、子どもを認定こども園（以下、こども園）に預け、生活保護を受けながら、パートの仕事をしています。こども園への送迎は、同居の祖母が中心でおこなっています。

　母は、中学の頃から、地域の仲間と非行行為を繰り返し、何度か一時保護されたことがあります。その時の印象があって、児童相談所のことは嫌っています。同居中の母方祖母は持病があります。母との関係も良くありません。それでも、こども園が休みの日や夜は、祖母に本児を預け、夜遊びを繰り返しています。そんな時、母の妊娠が発覚しました。相手はよくわからないとのことです。要保護児童対策地域協議会では、特定妊婦として支援していくことになりました。

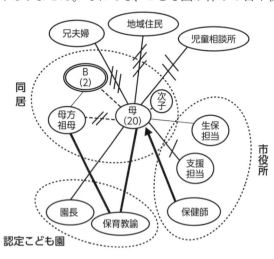

図8−2

2. 認定こども園での取り組み

　要保護児童対策地域協議会の決定を受け、市は、児童相談所、こども園の、三者での協議の場を設けました。市からは、「当面、こども園で様子をみてもらうが、祖母の体調に変化があった場合、すぐに連絡するよう」指示を受けました。

　協議の場で示されたエコマップでは、母と良好な関係にあるのは、保健師と保育教諭くらいで、あとはほとんど関係が崩れています。そこで、こども園では、たまに送迎時にやってくる母とできるだけ親密に接し、指示的なことは言わないようにしました。

　送迎の中心である祖母とは細かい情報を共有し、家庭での様子を聞くようにしました。「母は、家事や育児はほとんどなにもせず、いつもゲームやラインで遊んでいる。子どももあまりなついておらず、私が外出から帰ってくると、泣きながら近づいてくる」、とのことでした。

　母はその後、次子を無事出産しましたが、生活態度は変わらず、子ども2人を祖母に任せて遊ぶ日々です。そんなある日、祖母から電話があり、「体調が悪くて入院することになった。それを伝えたが、母は子ども二人をおいて遊びに行った」とのことです。

　こども園はすぐに市役所に連絡しました。市役所は家庭訪問し、母と面接しましたが、祖母の入院中も、母は子どもを2人とも家において、毎日のように数時間出かけているようです。一時保護の話が出てきた時、母は抵抗し、こども園にも協力を求めて来ました。しかし事態は好転せず、一時保護となりました。

3. 取り組みのポイント

---

1. 母に接する姿勢として、できるだけ共感的受容(75ページ参照)、非審判的な態度で向き合っている。
2. 家庭での生活状況をよく知る祖母との関係を重視している。
3. 家庭事情の変化を、すみやかに関係機関に連絡している。
4. 一時保護に対する毅然とした態度をとっている。

取り組み 3　地域子育て支援拠点事業での予防的取り組み

> POINT
>
> 　虐待や体罰の意味を理解することは、虐待予防支援の第一歩です。体罰等を肯定的に受け止めている保護者は、体罰をやめる可能性が低いといえます。本事例は、地域子育て支援拠点事業がおこなった、体罰を用いない子育ての仕方を学ぶ取り組みです。

1. 企画開催の経緯

　「体罰禁止って国はいうけど、どうしても、手の甲やお尻を叩いたりすることがあるよね」、「法律で決められたら、罪に問われたり、罰則があったりするんですか」。こども広場に集まっていたお母さんたちが、体罰禁止（15ページ参照）が法定化されたことに伴う不安を語り合っていました。

　これを聞いていたこども広場のスタッフのCさんは、振り返りの会議でそのことを話しました。その結果、体罰に関する勉強会を開催することになりました。

2. 企画会議の開催

　主担当者を中心に、企画会議を開催した結果、①「体罰は良くない」という話だけではなく、「どうすれば、体罰をせずに子育てができるか」ということを中心に話をしてくれる、②重い話になりがちなテーマなので、できるだけわかりやすく話をしてくれる、③参加者も一緒に考えることができるワークショップをお願いできる、講師を探すことになりました。

　講師は、研修会等で出会った講師をリストアップした資料 [➡ QR] のなかから、コモンセンスペアレンティングの専門家にお願いすることにしました。

3．当日の企画

当日は、6人ずつのグループで座り、以下のような流れで進められました。

①コモンセンスペアレンティングの概要

②よくある体罰場面の抽出と対処法の検討

「体罰と思った経験」を付箋にたくさん書き出し、グループで意見交換しながら、その中から共感度の高い内容を3つに絞る。それにどう対応するかを、一つのテーマについて　1～2分でロールプレイできるようにする。

③ロールプレイ

講師の指名にもとづき、グループごとに全員の前でロールプレイをする。

④振り返り

他のグループの対応方法などについて振り返る。

⑤講師によるコメントとそれに基づく修正

残った時間の範囲で、各グループの対応法について、具体的にコメントし、再度グループ内で演じてみる。

4．取り組みのポイント

1．参加者の何気ないやりとりを企画に反映させている。
2．研修会で出会った講師の名前と特徴をリスト化している。
3．付箋などを使って想定場面を抽出することで、全員の意見を聴く機会を設定している。
4．実際に演じてみることで、第三者的な振り返りをおこなっている。
5．講師のコメントで、さらに対応の質の向上を図っている。

取り組み

4 虐待を受けた子どもの心のケアに取り組む 児童養護施設の取り組み

POINT

　日本の子どもたちの自己肯定感は、世界各国に比べてかなり低いといわれています。虐待を受けた子どもたちは、その中でも特に低いようです。ある児童養護施設では、ライフストーリーワーク（Life Story Work；LSW）という手法を用いて、自尊感情や自己肯定感を高める取り組みをしています。

1．LSWとは何か

　LSWは、「生い立ちの整理」といわれることもあります。多くの子どもたちは、保護者から愛され、育っていきます。自分自身の履歴も、保護者と共有されており、一緒に振り返ることも可能です。

　しかし、社会的養護のもとで育った子どもたちのなかには、否定すべきと考えている過去があったり、意識的か否かにかかわらず、過去を抹消して生きていかざるを得なかったりするものもいます（24ページ参照）。

　LSWは、虐待防止支援の直接的な取り組みではありませんが、虐待によって傷ついた子どもの心を回復させ、生きる力を高める重要な取り組みです。この手法は、虐待や体罰をおこなってしまった保護者などにも適用することが可能です。

2．LSWの進め方

　LSWは、ライフストーリーブックという記録様式を用い、研修を受けた専門家（ライフストーリーワーカー）とともに進められます。この児童養護施設では、研修を受けた保育士が、右に示す入門書を参考に進めていきました。子どもは、ネグレクトを理由に就学前から児童養護施設に入所し、高校を翌春卒業する予定の高校3年生（D）です。

才村眞理・大阪ライフストーリー研究会編著『今から学ぼう!ライフストーリーワーク　施設や里親宅で暮らす子どもたちと行う実践マニュアル』福村出版2016年

①準備段階

　ＬＳＷの研修を受けた担当保育士とＤさん自身が、写真・動画、日記、学校の記録、施設の記録、入所時の情報、関係者からの聞き取りなど、関連する情報をできるだけ多く集めました。

②情報の整理段階

　毎週１回、時間を決めて、集めた情報について、語り合いました。全ての資料に目を通すのに、半年以上かかりました。

　最初は、この取り組みへの参加を拒否したり、「意味がない」と発言したり、否定的な態度や口調で、資料にかかわる出来事を説明するＤさんでした。しかし、数か月経つと、うなずきながら話したり、集めた情報の意味を、自ら確認したりするような場面も増えていきました。さらに、将来の夢なども時々話すようになりました。

③記録段階

　最後は、ライフストーリーブックを共に埋めていく段階です。ここでのポイントは、記録を埋めることよりも、前段階同様、子ども自身が言語化し、語っていくことを重視することです。保育士とＤさんは、情報の整理過程や結果を振り返り、お互いに確認しながら作業を進めていきました。Ｄさんは、「なぜ否定的に捉えていたのだろうか。そして、自分にも夢があることが確認できた」などと振り返りました。３月、Ｄさんは無事卒業し、ライフストーリーブックと集めた資料を箱にいれて、「宝物や！」と言って退所していきました。

3．取り組みのポイント

```
１．子ども自身の言葉で、自分の人生をストーリーとして振り返る。
２．そのための資料をしっかりと収集する。
３．子どもの変化をあせらず待ち、小さな変化や気づきを、積極的
　　に受け止める。
４．記録としてまとめることで、いつでも想起可能にしておく。
```

取り組み
5

親子生活訓練室を使って、生活訓練をおこなう乳児院の取り組み

> 子どもの権利条約や児童福祉法にも書かれているように、社会的養護の目的は、子どもの最善の利益の視点に立って、必要な場合は、親子を分離しながらも、再び親子の関係を構築することにあります。ここで紹介する乳児院では、国の予算を使って親子生活訓練室を作り、親子関係再構築に向けての支援をおこなっています。

POINT

1．親子生活訓練室設置の目的

　子どもが乳児院に措置された親の場合、そもそも、親子での生活経験がほとんどありません。**親子生活訓練室**は、24時間子どもがいる生活を経験し、一緒に生活するということを実感してもらうために設置されたものです。部屋は、１LDKで、浴室、トイレ、テレビ、冷蔵庫、洗濯機が設置してあります。

2．生活訓練の実際

①生活訓練の対象

　生活訓練の対象となったのは、子どもをひとり家に置いて、夜遊びを繰り返していた10代の母とそれが原因で、乳児院に措置された子どもです。母は、子どもに対する愛情はあり、面会にもよく訪れ、ミルクを飲ませたり、離乳食をあげたりしていました。子どもの表情が豊かになり、子ども自身にも、「毎週のようにやってくる特定の大人」という認識が高まると、母の「親である」という自覚も高まっていったようです。面会の際は、生活訓練室で職員と３人で過ごします。回数を重ねると、２時間程度は親子だけで過ごすこともありました。

　子どもが１歳半になった頃、乳児院では、児童相談所と母と、三者で面接をおこない、２歳を目処に退所するという計画をたてました。退所の目処がついたことで、母はますます積極的に子どもにかかわるように

なり、服を買ってきたり、おやつを自分で作ってきたりするようになっていきました。

②生活訓練の様子

　生活訓練室を使っての本格的な訓練は、退所2か月前から始めました。最初は週末、朝から夕方まで、親子だけで過ごします。職員は、その間、2〜3度顔を出します。時には、母から事務所に電話があり、「子どもが泣き止まないので、あやし方を教えて」と頼まれることもありました。

　退所2週間前には3泊4日の予定で、宿泊での訓練も始めました。初日は職員が一緒に泊まりましたが、後の2泊は親子だけの生活です。朝起きて食事をする、午前中は母も一緒に乳児院の子どもと過ごす、お昼寝が終わってからは親子で散歩に出たり、テレビを見たりして過ごす、そんな普通の暮らしを経験しました。

　最後の1週間は、面会を継続しながら、子どもを受け入れる準備をおこない、無事退所しました。乳児院は市と連携し、生活保護の受給、こども園の入所手続きも終えました。最初は毎日連絡して状況を聞いたり、時々訪問したりしていましたが、1か月も経つと、それもほとんどなくなり、たまに、母が子どもの様子を連絡して来る程度の関係となっていきました。

3．取り組みのポイント

> 1．退所に向けて、段階的に計画を推進する。
> 2．最初は施設が主で母が従、次は対等な関係、最後は施設が従で母が主という関係を意識している。
> 3．できていないことよりも、できていることを積極的に評価する。
> 4．退所後の生活を考え、継続支援も計画している。

取り組み 6 退所児のアフターケアをおこなう 児童家庭支援センターの取り組み

　児童家庭支援センター（以下、児家セン。50ページ参照）は、社会的養護の問題に、地域次元で取り組む機関です。その中の一つに、児童相談所から委託を受けておこなう親子の指導があります。この事例は、高校進学のために児童養護施設を退所した子どもの支援をおこなった児家センの取り組みです。

POINT

1．事案の概要

　Eさんは、父からの虐待を受け、小学校高学年で児童養護施設に入所しました。高校進学を考える時期になりましたが、希望する介護福祉士資格を取得できる福祉科のある高校は、施設からはかなり離れており、実家から電車で通うことになりました。

　中学3年生になり、父に負けないぐらい体力もついてきていたEさんは「家に帰る。問題があれば、ひとり暮らしをしながら高校に通う」という決断をしたのです。入所していた施設は、Eさんの実家の近くにある児家センに連絡し、継続指導をお願いすることにしました。児童相談所はこれを受け、児家センに、正式に指導委託をすることにしました。

2．児家センの取り組み

①退所前の取り組み

　児家センでは、Eさんが退所する前に、児童養護施設を訪れ、退所後の生活をどのようにするか、三者で話し合いました。県内の子ども関連行事で、児家センを運営している施設を知っていたEさんは、あまり緊張せず、自分の思いを語りました。合わせて、児家センは、両親とも面談し、児童相談所の委託を受けてかかわることを伝えました。

②退所後のEさんへの取り組み

　Eさんは、退所後も大きな問題なく、高校生活を続けていましたが、クラブ活動は朝練に参加するのが難しく、やめてしまいました。夏休みに時間を持て余している状況を聞いた児家センの職員は、「うちの施設で子ども食堂をやっているので、アルバイト代を出すから手伝わないか」と声をかけました。週一回のアルバイトでしたが、Eさんは楽しそうに手伝っていました。

　夏休みも終わる頃、「2学期からもアルバイトをしたい」とEさんから申し出がありました。子ども食堂は平日の夕方なので厳しいことを伝え、「近くの老人ホームで週末に働くことができるよう相談してみる」と伝えると、「学校の勉強にも役立つ」とうれしそうに答えました。

　アルバイトは高3の冬休みまで続き、無事に介護福祉士資格も取得できました。現在は、アルバイトをしていた特別養護老人ホームで働いています。

③退所後のEさんへの取り組み

　Eさんの父親に対しても、取り組みをしています。身体的な暴力は収まっていましたが、暴言などは引き続きあったため、児家センでおこなっているアンガーマネジメント講座 [➡QR] を、母と一緒に受講するようすすめました。両親は熱心に受講し、怒りのコントロールが少しずつできるようになり、父に言わせると、職場でも「人間が丸くなった」と言われたとのことです。父は自分では気づいていなかったそうですが、職場でも暴言を吐いていたようです。

3．取り組みのポイント

1．退所前からの関係づくりに努める。
2．現実に即した生活設計を提案する。
3．独り立ちを意識した支援をおこなう。
4．家族全体を視野に入れた支援をする。

第9章

虐待死亡検証等にみる子ども虐待防止支援の課題

残念ながら尊い命が失われてしまった虐待事件に関する検証報告書から、貴重な教訓を学びましょう。章末には、遺棄される赤ちゃんを保護する目的で創設された「こうのとりのゆりかご」についても取り上げています。

事案1　要保護児童対策地域協議会が開催されず、情報の共有・総合アセスメントがなされていないため、死亡に至ったと考えられる事案

1．事案の概要

2019年6月、母から通報を受けて救急搬送されたが、本児は心肺停止状態であり、搬送先の病院で1時間後に、死亡が確認された。母および交際相手の男性は、その後、傷害および保護責任者遺棄致死容疑で逮捕。母は、本児出生後、市内で2度転居している。出生前から区は特定妊婦として支援。出生後は児童相談所も支援していた。虐待通告が3回あったが、要保護児童対策地域協議会は開催されず、本児は衰弱状態で死に至った。

*事案の概要を含め、本事案に関する事実関係は、以下の情報をもとにしています。
・札幌市「令和元年6月死亡事例に係る検証報告書」2020年 **[➡QR]**

2．家族の状況

本児：2016年生まれ2歳。2019年4月まで認可外保育施設を利用。
母：19歳で本児出産。無職。一時期、生活保護受給。
内夫：2018年同居開始。風俗店従業員。
自宅の状況：床にゴミや猫（13匹）の糞尿が散乱。猫には餌をあまり与えず。

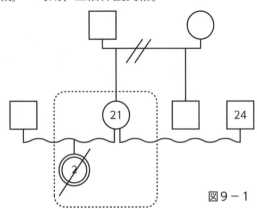

図9−1

３．事案の経過と対応

表9-1　事案1の経過概要

2015年12月	母（17歳）、妊娠（本児ではない）判明（9週）。区母子保健担当保健師、支援開始（翌月中絶）。
2016年6月	母（18歳）、妊娠（本児）判明（14週）。区母子保健担当保健師による支援開始。
	（保健師：8月から約2か月間、5回以上、電話や訪問するが、連絡取れず）
10月	区生活支援担当面談。2週間後、母親教室に参加（保健師面談）。
12月	本児出生（保健師が確認できたのは2週間以上経過後）。
	（保健師：約1か月間5回、電話等するが、連絡取れず。母からの連絡は2度有り。）
2017年1月	病院で1か月健診受診。「実家を出て働きたい」という意向。
1月	生活支援担当・保健師が連続で家庭訪問し、目視。保健師は「実家を出て働きたい」という意向を確認。
2月	同一区内で転居。区生活支援担当、家庭訪問により目視（保健師が確認したのは2か月後の4月で、保健師が生活支援担当に架電したことによる）。
	（保健師：約2か月間に5回連絡するが、連絡取れず。生活支援担当：複数回面談するが、目視なし）
4月	4か月健診で保健師面談。
	（保健師：約1年間に6回連絡するが、連絡取れず。生活支援担当：複数回面談するが、目視なし）
2018年6月	1歳半健診受診。保健師面談。「就労はまだ先」と確認。
9月	児相に、住民から虐待通告。同日、家庭訪問し目視も、虐待の嫌疑なしと判断。
10月	児相から保健師に継続支援依頼。
	（保健師：4か月間毎月のように連絡するが、連絡取れず。）
11月	男性と同棲開始により、生活保護廃止。
2019年2月	認可外保育所の一時保育利用。その後、月単位の利用契約。
3月	違う区に転居。
4月	児相に、住民から虐待通告。同日、家庭訪問するも不在（1か月に4回訪問するも不在。うち2回は別家庭を訪問）。生活保護廃止をこの時点で確認。保健師とのやりとりで児相は情報確認。児相の台帳を新区に移管予定。
5月12日	警察、住民から虐待通報（22時）。警察、児相に通告（30分後）。情報のやりとりに齟齬。
5月13日	警察との情報共有。夕方警察が家庭訪問も不在。警察より、児相に、「夜間も訪問予定であり、同行依頼（警察は、立入調査の認識）」の連絡。児相は、「会えるかどうかわからない状況で、職員も不足しており同行不能。電話のみで対応」と返事。
5月15日	警察が訪問し、母子確認（過去のやけど痕をごまかす。現状では虐待の兆候なし）。児相は、17日～6月4日、複数回電話連絡もつながらず。
6月5日	実母、119番通報。救急隊が出動し、本児を病院搬送したが、心肺停止状態で死亡。

4．対応の評価

①要保護児童対策地域協議会の動きが見えない

　この事案の最大の問題点は、要保護児童対策地域協議会の事案となっていないことです。検証報告書でも「そもそも、本事例では要対協にて進行管理を行うべきであったが、それが行われていなかった」と指摘しています。要保護児童対策地域協議会は、情報収集、アセスメント、支援計画、支援管理などを他機関とともに多角的におこなう重要な場です。以下に示す指摘も、これが開催されていたら、状況はかなり変わっていた可能性があります。

②母の育ちの経緯が生かされていない

　表には示していませんが、母は中学時代に児童相談所の支援を受けています。17歳で妊娠し、保健師（母子保健担当）の支援も受けています（中絶）。これらのことがアセスメントに生かされていません。17歳で妊娠したこと、母の生活状況、当時の実家の状況を考えると、この段階で特定妊婦と考えることができたはずです。中絶から半年後には本児の妊娠が発覚し、保健師や生活保護担当の関わりが再度発生する訳ですから、この時点でも特定妊婦として、要保護児童対策地域協議会の事案と考えるべきであったといえます。

③区内での情報共有が不十分である

　元の居住区でも転居後の居住区でも、保健師、生活支援担当が母等に接触し、一定の情報を得ています。しかしながら、これらがすみやかに関係者間で情報共有されていたとは考えられない場面がいくつかでてきます。たとえば、最初の転居時、生活支援担当が転居を確認してから、保健師が転居を確認するまでの間に2か月のズレがあります。転居の意味、家族の変化（この事案の場合、内夫との同居）などは、家族構成員間の力関係や人間関係に変化をもたらす可能性があるものです。

④何度も直接出会うことを試みているが、**実現できないままに、
それ以上の手立てが講じられていない**

　保健師は電話や訪問を通じてかなりの回数接触を試みていますが、ほとんど実現していません。にもかかわらず、対応方法を変えず、不発を繰り返しています。経過をみると、母は生活保護関係など、自分に必要性があれば来所したり、電話を受けたりしています。このことに気づいていたら、別の手立ても考えられたと思われます。

⑤**児童相談所と警察の事前調整が不十分**

　最後の局面で大きな問題となったのは、児童相談所と警察の連携がとれなかったこと、かつ、その後のやりとりや報告書でも相互の主張は不一致のままです。これも、要保護児童対策地域協議会を開催していれば、事前に調整し、相互の意思確認ができていたはずです。

5．保育所等および保育者への示唆

　この事案から保育所等および保育者が学ぶべきことは、次に示す大きく4点です。

事案1から保育所等および保育者が学ぶべきこと

1．あきらめずに、かかわり続けようとする姿勢をもち続ける。 2．施設内での情報共有・アセスメントが重要である。 3．説明の違和感に気づく力をもつ。 4．他機関との連携方法を、事前に協議しておくことが必要である。

事案2　アセスメントの不十分さが随所に影響し、結果として死亡に至った事案

1．事案の概要

　　2018年3月2日、養父からの119番通報で、5歳の女児（本児）は医療機関に救急搬送され、その後死亡が確認された。同年3月3日に、養父は傷害容疑で逮捕され、同年6月6日に、養父及び母が保護責任者遺棄致死容疑で逮捕された。

　　本児は同年1月下旬に地方のA市から、首都圏のB区へ転居している。いずれの自治体においても、児童相談所や市区等の公的機関の関与があったなかで発生したものである。

＊事案の概要を含め、本事案に関する事実関係は、以下の3つの情報をもとにしています。
　・社会保障審議会児童部会児童虐待等要保護事例の検証に関する専門委員会「子ども虐待による死亡事例等の検証結果等について」2018年 **[➡QR1]**
　・香川県「児童虐待死亡事例等検証委員会検証報告書」2018年 **[➡QR2]**
　・東京都児童福祉審議会「児童虐待死亡ゼロを目指した支援のあり方について」2018年 **[➡QR3]**

QR1　　　　　　　　　　　QR2　　　　　　　　　　　QR3

2．家族の状況

本児：2012年生まれ
　　　5歳。A市居住時
　　　は、2017年3月ま
　　　で、幼稚園に通園。
養父：A市居住時は会
　　　社員として勤務。B
　　　区では無職。
母：19歳で本児を出産。
　　2015年11月頃から

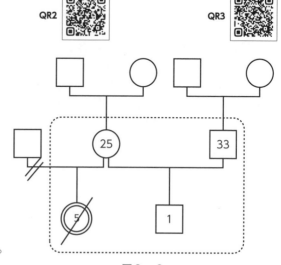

図9－2

養父と同居し、2016年に入籍。無職。

異父弟：2016年生まれ。所属なし。

3. 事案の経過と対応

表9−2　事案2の経過概要

2012年	香川県A市で出生。
2015年11月頃	内夫(後に婚姻し養父)、実母、本児での同居開始。
2016年8月	近隣住民からの泣き声通告。児相が状況確認。A市と幼稚園に見守り依頼。
？	異父弟出生。
12月	幼稚園から、本児にあざがあるとA市に情報提供。
12月	養父から叩かれ屋外に追い出される。近隣住民が警察に通報。あざ、こぶがあることなどから虐待が疑われ、警察から児相へ身柄付通告し、翌日一時保護。
一時保護の翌日	地方検察庁と協同面接実施。
2017年2月	面接を繰り返し、家庭環境調整をおこない、一時保護を解除し、家庭引取。
3月	警察官が一人でいる本児を発見。傷、あざが確認されたことから、児相で一時保護。
3月	幼稚園退園。
5月	要対協実務者会議。
5月	要対協個別ケース検討会議(リスク判断の記録なし)。
7月	一時保護解除。児童福祉司指導措置。
8月	医療機関、あざ・皮下出血について児相に情報提供。
9月	同医療機関、あざについて児相に情報提供。
10月	10月2日の医療機関受診時に、本児が「家に帰りたくない」と発言との情報。児相と医療機関とのカンファレンス。
12月下旬	養父、東京都B区に転出。
2018年1月	児童福祉司指導措置の解除。
1月	実母、本児、異父弟、B区へ転入届。A市から、B区に情報提供。
1月	県児相から都児相に電話連絡。
翌日	県児相から都児相に、A4用紙2枚程度の情報提供。
2月	B区から都児相に連絡、家庭と連絡がとれ次第、家庭訪問する予定を連絡したが、児相が先に家庭訪問する旨の回答。
2月	児相が家庭訪問。本児の安全確認はできず。
2月	転居前の医療機関から、都児相に直接情報提供。
3月	本児死亡。

4．対応の評価

①リスクアセスメントの記録が残されていない

　虐待防止支援の初期段階で非常に重要なのは、（リスク）アセスメントです。この事例では、口頭ではリスクアセスメントをしたということですが、アセスメントの記録が残っていません。その後も何度かアセスメントをしていますが、同様です。

　アセスメントのための情報と判断は、その場面だけで意味があるのではなく、その前後の状況の変化（この事案の場合、異父弟の出生、医療機関からの随時の情報提供、転居など）を記録することで、リスクの変化を知るもとにもなります。

②医療機関の情報を適切に受け止めていない

　医療機関のソーシャルワーカーおよび医師からの複数回にわたる情報提供とリスクの高さの説明を、児童相談所は深刻なものと受け止めていませんでした。専門機関である医療機関による診察に基づく所見と判断は、非常に重要な情報です。児童相談所がこれを適切に受け止めなかったことが、転居時の引き継ぎの際にも反映してしまっています。

③一時保護解除の判断の適正性が疑わしいうえに
　その後の対応にも問題があった

　適切なアセスメントがおこなわれていないために、リスクが高いと判断されず、リスクの高い事案であるという認識が、児童相談所の職員の間でも十分共有されていません。その結果、家族の状況に大きな変化がないにもかかわらず、一時保護が2度解除されています。

　2度目の一時保護解除の際、児童福祉司指導措置を適用したことは問題がないのですが、重点的な指導はあまりなされず、同じく短期のうちにこれも解除されています。

④権威機関への遠慮があった可能性がある

　経過表には記していませんが、A市に居住している間、警察は2度、虐待を理由に養父を書類送検しています。しかし、いずれも検察は不起

訴としました。検察で不起訴になっていることが、児童相談所が児童福祉法第28条第1項に基づく、家庭裁判所の審判による親子分離などの強硬的な対応をとることをちゅうちょさせたと考えられます。児童相談所は、検察や（家庭）裁判所と対等な関係にある機関ですが、実際には必ずしもそうはなっていないということです。

　これは、都児童相談所とB区との関係にもみられます。情報を得て家庭訪問をしようとした区の判断に対し、「児童相談所が先に訪問するので、区による訪問は待つように」と受け止められかねない応対を児童相談所がしたことで、区は待つことになってしまいました。

⑤引き継ぎが不十分であった

　県児童相談所から都児童相談所への引き継ぎは、情報の提供を含めて不十分でした。これは、もともと深刻な事案と受け止められていないことによるものですが、基本の手続きが踏まえられていないといえます。

5．保育所等および保育者への示唆

　この事案から保育所等および保育者が学ぶべきことは、次に示す大きく3点です。

事案2から保育所等および保育者が学ぶべきこと

> 1．アセスメントをおこなうこと及び記録を取ることが重要である。
> 2．保育所等は日常的に親子を見ているという立場を踏まえ、市区町村や児童相談所に対して、遠慮せず、子どもの利益のために繰り返し言うべきことは言うという姿勢をもつ必要がある。
> 3．引き継ぎの際、市区町村等に任せっきりにせず、必要があると感じた場合、保育所等も積極的に引き継ぎ機関や施設にかかわることが重要である。

事案3	保護者の威圧的な態度に教育委員会や児童相談所がひるみ、死亡に至った事案

1．事案の概要

　　子どもが、複数回声を発しているにもかかわらず、教育委員会や児童相談所が、父の威圧的な態度に屈し、内部資料（子どもの声、メモ、アンケートなど）を開示したことにより、転校させたり、登校させなくなったりした結果、死亡に至った。一時保護についても、父方祖父母を通じた間接的な抗議で、条件付きで解除したが、その条件も守られていない。母は、ＤＶで心理的に拘束されており、本児を保護することができなかった。

＊事案の概要を含め、本事案に関する事実関係は、以下の４つの情報をもとにしています。
　・沖縄県「児童虐待死亡事例検証報告書」2020年【➡QR1】
　・糸満市「児童虐待死事案の糸満市における検証報告」2019年【➡QR2】
　・千葉県「児童虐待死亡事例検証報告書」2019年【➡QR3】
　・野田市「児童虐待死亡事例検証報告書（公表版）」2020年【➡QR4】

QR1 　QR2 　QR3 　QR4

2．家族の状況

本児：10歳、小学校
　　　4年生。
母：31歳、無職。
父：41歳、団体職員。
　　（離婚したが、6年
　　後復縁）。
妹：1歳、所属なし。

図9−3

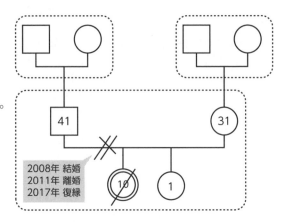

3．事案の経過と対応

表9－3　事案3の経過概要

2008年9月	本児出生(母は体調不良で入院。別居が始まる)。居住地は母方祖父母の実家がある県。
2011年10月	離婚(2017年2月復縁)。
2017年	妹出生(母は体調不良で入院)。
7月	母方親族「父のDVと本児への恫喝で、本児を引き取りたい」と市に相談。母は、DV相談希望せず。
7月	父、妹の退院に合わせ、父の実家のある他県に、本児、妹と3人で移動。関係者には「8月に帰ってくる」と虚偽の発言(母方親族が知るのは、2週間以上経ってから)。居住地の市の受け止めはDV事案(引き継ぎもDV中心)。
8月	父、転入届を提出し、父方祖父母宅に同居。
9月	市保健センター、父、父方祖父母、父方親族と面談。妹の様子も確認。住宅が見つかり次第転居予定。
9月	母退院に伴い、4人での同居開始(直前、元の市の保健師が、父母と偶然出会うが、母は不安を見せず。)
10月	市職員(児童家庭課、保健センター)家庭訪問。父の対応は丁寧。母は、「子育ては順調。体調も問題ない」と話す。
11月	本児、学校のアンケートに、父からの虐待を回答。学校は、市児童課に連絡。
同日	児童家庭課、学校訪問。本児は、「家に帰りたくない」と発言。児相に連絡を入れる。児相は、緊急受理会議を開き、即日一時保護。
同日	父が来所し、「手続きが不当」、「本児が嘘をついている」、「親族に迷惑をかけたくない」と主張。翌日の電話でも、不当性、学校や児相への不信感等を述べる。
11月	本児、父母との面会は希望しないが、「父の暴力がなくなったら、家に帰りたい」と発言。
11月	「父から夜中に起こされる」、「夜中にパンツを下ろされたことがある」などと発言(父は否定)。
11月	児相で父母と本児面会。父は、児相の指導を受け入れる姿勢を示す。本児は、親の前で泣き続ける。
12月	父から、「父方祖父母宅で養育し、様子をみる」との提案。
12月	本児に提案すると「大丈夫」と答える。(5日後、一時保護解除、父方祖父母宅に引き取り)
12月	父が通学について学校と交渉も、学校は「交渉は止められている」と拒否。父から児相に抗議の電話があり、児相は学校に許可の連絡。父は、確認のための念書を求める。念書は、翌月、校長名で自宅に届けられる。
2018年1月	父はアンケート結果(11月実施)の開示を求めるが、教育委員会は拒否。父からの抗議に、3日後開示。
1月	近くの学校に転校。この頃、父方祖父から、児相の関わり方に疑問が呈される。
2月	学校の送迎者が母となることを確認したが守られず。「虐待をされたのは嘘」とのメモを学校に渡す。「児相とは会いたくない」との発言も。
3月	児相が学校で本児と面接。「3月はじめ、父方祖父母宅から自宅に帰った。2月のメモは父に書かされた」と話す。3日後、父は激しく抗議。
8月	「夏休みは母方祖父母のところにいた」と父が学校に報告。
2019年1月	「冬休みは母方祖父母のところにいる」と父が学校に報告。1月は登校せず。
1月24日	警察から、本児死亡との連絡。

４．対応の評価

①一時保護の開始および解除の決定の基本プロセスが 十分ふまえられていない

　転居前の市の対応が、子ども虐待というよりもDV事案中心に考えられていたため、転居後の市や児童相談所では虐待事案としの認識が乏しかったと考えられます。虐待事案としての認識は、本児が書いた学校のアンケートへの回答以降ですが、初期段階では児童相談所は学校に赴いての面談や情報交換をおこなっていません。

　また、児童相談所は、一時保護決定の伝達を、保護者に直接おこなわず、市を通じて間接的におこなったり、父が解除の際の決め事を短期間で破っているにもかかわらず、そのことについて指導したり、再度保護するかどうかについての検討もおこなわれていません。

②子どもが発した重要なメッセージが受け止められていない

　本児は、学校へのアンケート（虐待されている）、一時保護決定につながる決断（家に帰りたくない）、一時保護中の発言（暴力を振るわれる、夜中に起こされる、パンツを脱がされる）など、父の威圧的態度のなかでも、何度もメッセージを出していますが、これがすべて父に伝えられています。その結果、虐待がエスカレートしただけでなく、本児のなかにあった学校や児童相談所への信頼を失墜させ、あきらめの気持ちにさせたと考えられます。

③保護者の威圧的な応対に、毅然とした態度をとることができていない

　父なりの論理に基づく威圧的な態度に、教育委員会や児童相談所は毅然とした対応ができていません。祖父母との関係においても、同様の状況が存在していた可能性があります。念書を、通算２回も書かせるなど、機関をも支配しようとする父の態度がみられます。このような場合、個人で対応するのではなく、チームとして対応する必要があります。

④DVに関するアセスメントが不十分であった

　出産後の母方親族からの相談、転居後の家族力動から、一方的なDV

関係にあったことは明らかです。**DVを理由の一つとして離婚した夫婦が復縁する場合、より強いDV関係となりやすいことはよく知られていることです。**にもかかわらず、児童相談所は、父との関係で、母自身や父方親族を有力な支援者として位置づけようとしている点には問題があります。

⑤転校の意味が分析されていない

　保護者が住所を変わることなく、子どもを隣接する校区の学校に転校させることは、珍しいことです。学校あるいは教育委員会が理解できる理由があればいいのですが、この事案では、むしろ「事情を知っている学校から逃げた」と考えられます。にもかかわらず、このことが転校先の学校に十分伝えられていません。

5．保育所等および保育者への示唆

　この事案から保育所等および保育者が学ぶべきことは、次に示す大きく5点です。

事案3から保育所等および保育者が学ぶべきこと

1．子どもの発する声や態度はしっかり受け止める必要がある。
2．事態が変化した場合にはすみやかに情報共有し、必要に応じ、関係機関に連絡すること。
3．子ども虐待とDVとの間には関連があることが多い。
4．保護者の強硬な態度にはチームで対応すること。
5．市や児童相談所がおこなうべきことと、保育所等がおこなうべきことを相互に確認し、引き受けすぎないようにすること。

明らかに一時保護が必要な状況が繰り返されているにもかかわらず、一時保護をしなかったため、死亡に至ったと考えられる事案

1．事案の概要

　2019年3月、児童相談所に虐待通告があり、児童相談所の支援開始。通告を挟んで、10日間で4回、一人で夜間徘徊（うち2回は虐待通告）。これに対し、一時保護することはなく、継続指導と決定。7月には、近隣市に転居し、事案は引き継がれた。近隣市は、本児死亡が発覚する2日前まで、家庭訪問を複数回するが、母子ともの面会は不調。亡くなる2日前、保健師が自宅で面談し、本児の目視をするが深刻と受け止めず。死亡当日、内夫が呼吸停止した本児を病院に連れて行くが、夜間に死亡が確認された。

＊事案の概要を含め、本事案に関する事実関係は、以下の情報をもとにしています。
・鹿児島県「令和元年8月死亡事例に係る検証報告書」2020年 **［→QR］**

2．家族の状況

本児：4歳。転居前は保育所に所属するも、登園は不定期（4月4回、5月5回、6月0回）。転居後は、保育所入所申請中。

母：21歳。

内夫：21歳。建設作業員。出生以前から交際の可能性。

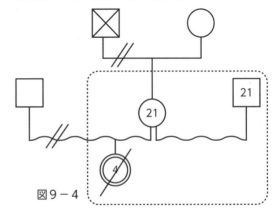

図9−4

3．事案の経過と対応

表9－4　事案4の経過概要

2019年2〜3月	10日の間に夜間4回、同一市民が徘徊している本児を発見。1回目は警察に連絡したが、その後は発見者で対応。
3月	電話で、児相に匿名で虐待通告（ネットに虐待動画あるとの情報）。
18日	児相、A市、C警察で訪問。不審なアザや傷は確認できず。翌日再度訪問し、携帯を確認するが虐待動画や画像は確認できず。児相は「非該当、危惧あり」と処理。A市と共有。
21日	駐車場でC警察が保護。母が迎えに来ることに対して「ママはいじめるから帰りたくない」。アザも確認。
28日	別の場所でC警察が保護。児相に通告（児相には記録なし）。
29日	路上でC警察が保護。児相に電話で一時保護依頼も一時保護なし。夜間徘徊の回数の認識にずれ。
30日	児相、母に連絡し、「同様のことがあると、保護する可能性がある」ことを伝える。
4月1日	C警察の依頼で、A市要対協を8日後に開催することを決定。
2日	路上でC警察が保護。児相に連絡するも、本児と同定できず、「名前がわかれば帰していい」との指示に従い、帰宅させる。その後、児相は同定でき、保護の必要性を認識するが対応せず。
3日	・一時保護しなかったことに対する警察の問い合わせに対し、児相は前日の判断とは異なる説明。 ・児相、A市、家庭訪問するも不在。保育所を訪問し、状況確認と、今後の情報提供依頼。 ・再度の家庭訪問で母に面会でき、「今後、同様の事態があれば保護すること」を伝える。
4日	保育所から不登園の連絡。A市家庭訪問するも不在。
5日	保育所から不登園の連絡。A市家庭訪問するも不在。市民から匿名で虐待通告（ネット画像）。
8日	A市、保育所訪問し状況確認。児相に連絡も、児相には記録なし。
9日	A市要対協、予定通り開催。「同様の状況があれば、一時保護する」との議論がされるが、結果は、関係機関によって別の内容の会議録となっている。
10日	児相援助方針会議で、虐待（軽度）と認定し、継続指導、一時保護提案方針を決定。
5月・6月	定期的に登園状況の報告あり。
6月12日	母からの申し出で、児童養護施設に1週間のショートステイ。
7月	6月末で保育所退所を確認。A市は、転居先のB市に連絡したが、B市は深刻な事案と受け止めず。児相担当者も交代時、内容の実質的引き継ぎをおこなっていなかったことが、その後発覚。
7月	頭をぶつけて嘔吐したため、病院受診。
7月	B市転入届確認。A市からの移管文書も届く。母が、母子保健担当窓口に来所。
8月	B市、病院に情報提供依頼。家庭訪問も決定。C警察からB市D警察への申し送り。D警察とB市の連携も確認。
8月	B市家庭訪問も不在。B市、児相に要対協開催の必要性について協議（児相の記録にはなし）。
8月	B市担当者、3日連続で家庭訪問も不在。
8月26日	B市担当者、家庭訪問し母子面談。爪が一部剥がれているが、深刻とは受け止めず。
8月28日	内夫が呼吸停止した本児を病院に連れてくるが数時間後に死亡確認。

4．対応の評価

①設置者が要保護児童対策地域協議会を主体的に開催していない

　要保護児童対策地域協議会の設置主体は市区町村です。転居前のA市は、警察からの要請を受けて開催決定、転居後のB市は、開催の必要性について、児童相談所に確認しています。A市における状況をみると明らかに必要性があります。B市においても、一時保護が想定されている深刻な事案として、要保護児童対策地域協議会で引き継ぎ、担当が変わった警察を含め、すみやかに関係機関と情報共有・方針確認の場を設ける必要がありました。

②刻々とした事態の動きにもかかわらず、計画が変更されていない

　A市は、要保護児童対策地域協議会の開催日を決定してから、約1週間後に、予定通り開催しました。しかし、経過表を見れば明らかなように、この間に事態はめまぐるしく動いています。開催日決定前の1週間を含めると、事態は相当深刻であるにもかかわらず、計画を変更することもなく、当初のまま進行しています。会議開催以外の方法も含め、少なくとも、児童相談所、警察、保育所とは、緊急の会議を開催する必要があったと考えられます。

③相当回数、警察が保護しているにもかかわらず、
　その詳細な情報が児相との間で共有されていない

　短期間の間に、4歳の子どもが、複数回地域で保護されています。そのうち数回は、警察や児童相談所も情報を得ています。しかし、毎回のように**迷子扱い**から始まっています。警察が一時保護の必要性を感じた日の児童相談所とのやりとりも、子どもが即座に同定されていないことから、結局、迷子と同様の対応で、同定できたあとも判断が変わっていません。

④記録が不十分で、機関間の受け止めが異なっている

　この事案では、児童相談所と警察、児童相談所と市、という児童相談所を挟んだ三者間で、事実関係の認識にズレがあったり、記録内容に相

違があったりしています。そもそも、重要な事実が記載されていなかったということもあります。重要な事実や、それぞれの機関がどう動くか、どう動くよう期待されているかなどについては、記録を適切にとるだけでなく、できるだけ、相互に記録を確認することなども重要です。

⑤リスクの高さを相手機関が受け止めていない・
　相手機関に伝えられていない

　この事案では、情報共有に問題があった場面が3か所みられます。第1は、「ママはいじめるから帰りたくない」と意思表示した4歳の子どもの声を、警察も児童相談所も重く受け止めていません。第2は、警察が緊急性を感じているにもかかわらず、児童相談所は、情報を精査せず母の元に帰してしまっています。さらに、該当の女児だとわかっても、結局一時保護はしていません。第3は、要保護児童対策地域協議会の事案で、かつ一時保護を要する状況にあるほどリスクの高い事案であることが、転居後の自治体に伝わっていません。

5．保育所等および保育者への示唆

　この事案から保育所等および保育者が学ぶべきことは、次に示す大きく5点です。

事案4から保育所等および保育者が学ぶべきこと

1．事態の急変には、予定変更してでも対応する必要がある。
2．子どもの声はしっかりと受け止め、できるだけ尊重する。
3．記録は丁寧にとり、少なくとも内部で相互確認する必要がある。重要情報は関係機関とも共有する必要がある。
4．市や児童相談所と、対等な関係で提案できる環境を構築しておく。
5．家族の変化や、新たな事実はすみやかに関係機関に報告する。

事案5

施設の丁寧な対応が、かえって保護者を不安にさせ、死亡に至った可能性のある事案

1．事案の概要

　死亡した子どもは、児童養護施設に入所していた。2016年6月に一時帰宅後、帰園予定日時の午後6時を過ぎても連絡もなく帰園しなかったため、翌日、児童養護施設は、警察署へ捜索願を出した。しかし、同日、母宅で本児の遺体と意識不明状態の母が発見された。

＊事案の概要を含め、本事案に関する事実関係は、以下の情報をもとにしています。
・秋田県「児童虐待が疑われる児童の死亡事例検証報告書」2017年［→QR］

2．家族の状況

本児：9歳。小学4年生。

母：40歳。無職。精神疾患あり。生活保護受給中。2013年1月、県内
　　C市から、D市へ転居。

施設入所理由：「精神的不調で、施設を短期間利用したい」という母の
　　申し出にしたがい、2011年4月、児童養護施設で一時保護委託をお
　　こない、その後、正規措置となった。

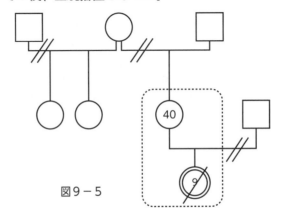

図9－5

3．事案の経過と対応

表9－5　事案5の経過概要

2009年3月	「母には精神疾患があるため、本児を注意して見て欲しい」との情報提供（情報提供者の記載なし）があり、C市が保育所を訪問し、安全を確認。
2011年3月	母から児相に電話。「自分の体調が不良のため児童養護施設に預かって欲しい」。
4月	児童養護施設へ委託一時保護実施（この間、要対協ケース検討会議開催。A児相とC市による協同面接2回）。
6月	母の主治医（精神科医）受診に、A児相同行。
6月	母の同意を得て、委託一時保護を正規措置に変更。外出・外泊はA児相との事前協議、面接は協議不要で施設職員が同席することを条件。
2011年度	外泊回数年間5回。外泊希望、外出希望、各1回不承認。
2012年12月	主治医変更（母の意思）により、A児相、新主治医を訪問し病状確認。
2013年1月	母がD市に転居したことに伴い、児相の所管がA児相からB児相に変更。C市についても、D市に移管するかどうか検討依頼。その後、生活保護業務は移管するが、要対協の関連は、情報は共有しつつもC市が主体となることを両市で確認。
2012年度	外泊回数年間4回。
4月	児相は、外泊日程については、児童養護施設と協議するよう母に連絡。
5月	B児相と母面接。「児相だけでなく、児童養護施設を含めた三者で協議したい」との母の意向。
5月	B児相で三者面談。翌月、「外出は届出不要だが、外泊は事前に児相に連絡するよう」電話で伝達。
2014年1月	C市からB児童相談所へ電話。「C市では、A児相とC市の2者による協同面接であったが、D市に転居後はB児相のみのため、第三者を加えてほしい」との母の要望。
1月	「B児相と児童養護施設以外に、第三者として母子自立支援員や家庭相談員も参加してほしい旨」の母の要望。
2013年度	外泊回数年間6回（うち一回は、帰園予定日を守れず）。
2014年度	外泊回数年間5回。
2015年度	外泊回数年間6回。
2016年6月	県青少年健全育成条例違反（性犯罪）容疑で、本児入所中の児童養護施設指導員逮捕（相手は施設の子ではない）。
6月	児童養護施設から、入所児の保護者すべてに、状況説明と謝罪の手紙を送付。
6月	2016年度3回目の外泊。18時予定の帰園に姿を見せず、母に電話をしたが不通。20:30、21:30に児童養護施設職員が母宅を訪問も会えず。すでに心中していた可能性あり。
6月	翌日、D市生活保護担当、B児相、児童養護施設が電話や訪問をするが、連絡つかず。12時に児童養護施設は、警察に捜索願を提出。16:20、母自宅内捜査の結果、「本児の死亡を確認、母は意識不明（その後回復）で救急搬送」との連絡が、B児相にある。

4．対応の評価

①適切に進行できている点

（1）保護者の状況の変化に対して直接確認の機会をもっている

　虐待防止支援においては、安全確認のために子どもに直接出会うことの重要性が強調されます。直接出会うことは、保護者においても重要です。保護者とはどこで会うか（自宅か保育所等か）、誰と会うか（保護者一人、夫婦等、子どものきょうだいなど）なども重要で、場面によって態度の違いなどに気づくことができます。

（2）必要に応じて会議（検討会）が開催されている

　保護者の生活状況の変化（転居、主治医の交代、保護者からの要求など）があると、直接的・間接的な情報の収集と共有、支援方法の確認なども、丁寧におこなわれています。

（3）保護者に支援の進め方をわかりやすく伝えている

　外泊の手続き、面会の手続きなどを、非常に具体的に提示しています。精神疾患、知的障がい、発達障がいなどがある保護者の場合、抽象的な表現や難しい内容が理解しにくい場合があります。これが保護者の混乱、怒り、不安などを生じさせることもあります。

（4）保護者の要望に丁寧に応えようとしている

　支援の過程で、子どもや保護者から要望が出されることがあります。これにも、児童相談所や市は丁寧に対応しています。福祉支援の基本の一つは、受容と共感です。まずは、共感的受容に努め、その中で発せられる要望については、可能なものは受け止め、可能でないものはその理由をわかりやすく伝えていく必要があります。

（5）児童養護施設が不祥事を包み隠さず真摯に説明しようとしている

　児童養護施設に限らず、保育所等施設には、多くの子どもが生活し、多くの職員が働いています。施設内で生じた事件、事故については無論のこと、職員については、私生活部分での出来事についても、必要に応じて説明をする必要があります。

②問題があったと考えられる点

（1）精神疾患の評価と理解が不十分であった可能性がある

　母の精神疾患が、本児が死亡したことに関係していた可能性は非常に高いと考えられます。都市部ではまだしも、地方では精神科医の数は限られています。事案に寄り添った精神疾患の理解となるとなおさらです。

　本件とは異なりますが、虐待を受けた子どものなかには、精神科医のアセスメントや支援が必要な場合も多くありますが、小児精神科医はさらに少ない状況です。

(2) 不祥事を伝えた直後に外泊を許可したことが心中企図につながった可能性がある

　今回の事案のように、不安の高い保護者に対して、さらに不安を募らせるような情報が提供されたこと、その直後に外泊を認めたことと、心中との関係は強いとも考えられます。情報を提供することは重要ですが、直後の外泊等を含め、個々の保護者の状況を勘案する必要があります。

5．保育所等および保育者への示唆

　この事案から保育所等および保育者が学ぶべきことは、次に示す大きく4点です。

事案5から保育所等および保育者が学ぶべきこと

> 1．状況が変化した場合、すみやかに園内で情報を共有し、できるだけ早期に協議の機会をもつ（とりわけ、保育所等が「従」となって支援する場合は重要。89ページ参照）。
> 2．支援の基本姿勢として共感的受容を大切にする。
> 3．精神障がい・精神疾患を正しく理解する。
> 4．保護者の思いを大切にする。

事案6　こうのとりのゆりかごの事案

1．こうのとりのゆりかごの設置

　「こうのとりのゆりかご」（以下、ゆりかご）は、慈恵病院（熊本市）が、ドイツの民間システムであるベビークラッペを参考に、新生児の保護を目的として設置されたものです。設置者には、中絶される子ども、虐待によって死亡する子ども、危険な環境のままに遺棄される子どもたちの存在に心を痛め、これを少しでも減らしたいという思いがありました。

　2006年秋に構想が明らかにされ、設置や運営の適正性について、国や地方自治体との協議を経て、2007年5月9日、正式に運用が開始されます。

　ゆりかごについては、一般に「**赤ちゃんポスト**」と呼ばれ、子どもを直接ゆだねる部分（以下、預かり部門）のみが強調されています。しかしながら、設置の主旨は、24時間365日体制での電話やメールでの相談（以下、相談部門）を前提とするもので、両者を合わせた総体がゆりかごです。

　設置当初は、熊本県が管轄していましたが、熊本市が中核市として児童相談所を設置して以降は、熊本市が管轄しています。設置当初からの確認で、行政は運用の検証をすることとされており、短期検証結果が毎年、中期検証結果 [➡QR] が3年に一回公表されます。

2．ゆりかごの仕組み

①ゆりかごの設備と運用

　ゆりかごは、慈恵病院の通常の入り口とは異なる建物の一角にあります。子どもを受け入れるための扉を開けると開放式保育器があり、子どもが預け入れられると、扉は自動的にロックされ、関係者以外は開けることができません。

　同時に、看護師等がいるスペース2か所のブザーが作動し、職員が直

ちに子どもを保護することになっています。

　また、子どもを預け入れる前に相談を促すために、ゆりかごへの経路上には親に相談を呼びかける内容の案内板が設置されています。また、扉の横には、インターホンとともに「赤ちゃんの幸せのために扉を開ける前にチャイムを鳴らしてご相談ください」との表示板が設置されています。扉の前にも、相談を促すような工夫や、子どもとのつながりを大切にするための工夫がなされています。

②預け入れられた後の対応の流れ

　子どもが預けられた後の対応の流れは、図9－6に示すとおりです。以下、関係機関の対応を簡単に説明します。

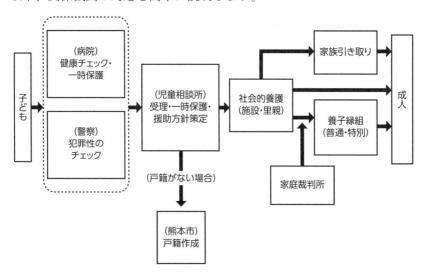

図9－6「ゆりかご」に預けられた子どものその後の対応
資料：筆者作成

（1）病院

　病院では、子どもを保護し、医師の健康チェックを行うとともに、直ちに、警察と児童相談所に連絡をします。この段階で支援の主体は、病院ではなく児童相談所となります。病院は、預け入れに来た者との接触ができた場合には、できる限り相談につなぐ努力をしています。

(2) 警察

　警察は、保護責任者遺棄罪等、「事件性」がないかを確認します。ゆりかごは「安全である」という前提で承認されていますので、特別の事情がない限り保護責任者遺棄罪には問われません。

(3) 児童相談所

　熊本市児童相談所では、職員が直ちに慈恵病院に駆けつけ、現場において、子どもの保護にあたります。多くの場合、病院での一時保護委託とし、しばらくの間、子どもの様子をみます。その後は、乳児院や里親などでの措置となります。児童相談所では、棄児として受け入れ、相談種別としてはネグレクト（虐待）となります。

(4) 熊本市

　児童相談所等の調査によっても、子どもの身元がわからない場合、熊本市は、市長名で保護者不詳のまま単独で戸籍を作成します。

３．ゆりかごの特徴

　ゆりかごの特徴は、以下の４点にあります。

　第１は、ゆりかごの本質は、相談部門にあります。ゆりかごに関する病院のホームページの冒頭には、「本来は、赤ちゃんとお母さんの将来の幸せのために相談を行うことが第一の目的です。‥‥赤ちゃんを預ける前にもう一度、よく考えましょう」とあります。ゆりかごの預かり部門は、相談を補完するための緊急システムにすぎないと考えられます。

　第２は、預かりにおいては、匿名性を重視しているということです。設置者側はこのことをきわめて重視し、子どもの命を救う最も重要な要素であると主張しています。

　第３は、病院がゆりかご相談として直接取り扱う事案では、原則として、病院のもっているネットワークのなかで、出産支援や特別養子縁組の斡旋がおこなわれます。ただし、特別養子縁組に際しては、実親の承諾が求められ、その時点で匿名性は失われます。

　第４は、実際に預け入れがなされた場合、すべて、児童相談所を窓口とする社会的養護システムの流れに乗ることになります。その結果、ゆりかごの特徴である匿名性は、児童相談所では担保されなくなり、通常

の社会調査等がおこなわれます。さらに、保護者の居所・住民登録など
がわかった段階で、原則として地元の児童相談所が担当することになり
ます。

4．利用状況

①預かり人数・相談件数

　利用状況については、2017年に公表された2016年度までの集計をも
とに紹介します。ただし、預かり人数と相談件数については、2019年
度まで公表されており、これを含めます。結果は、図9-7に示すとお
りです。

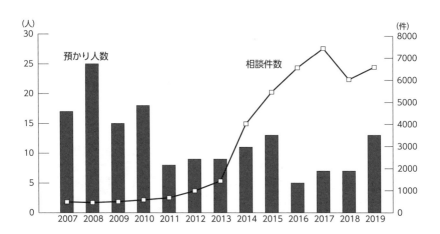

図9-7 預かり人数・相談件数
資料：熊本市要保護児童対策地域協議会「こうのとりのゆりかご」専門部会（2017年）、「『こうのと
りのゆりかご』第4期検証報告書」、および同専門部会（2020年）、「令和元年度『こうのとりのゆり
かご』の運用状況に関する短期的検証について（2020年）」を参考に筆者作成。

②相談部門の状況

　ゆりかごの特性を生かした相談としては、特別養子縁組があります。
近年やや減少傾向にあるとはいえ、2016年度においても19件の縁組が
成立しています。全国の成立件数は、ここ数年500～600件程度であり、
ゆりかごの相談部門はその5％弱を占めています。

　相談内容全体では、妊娠判定に関するものが全体の４割以上を占めます。このような相談が全国から寄せられており、母子保健施策として検討する必要があります。

表９−６　相談部門の特徴

- 2014年度以降、相談件数が急増し、2019年度は6,589件。
- 架電者は、熊本県外者が多く、2016年度は９割以上（10年通算９割、以下同）。
- 相談内容は、妊娠・避妊に関するものが３分の２（６割弱）と最も多く、次いで、思いがけない妊娠が１割台半ば。半数以上が妊娠判定に関するもの。
- 特別養子縁組につながった事案は、通算313件。

資料：図９−７に同じ

③預かり部門の状況

　預かり窓口では匿名性が重視されていますが、７割以上の保護者の居住地がわかっています。保護者がわかった理由のなかには、保育所を利用していた子どもが、「昨日、弟が生まれた」と発した言葉に、保育者が疑念を感じたことが端緒となった事案もあります。

表９−７　預かり部門の特徴

- 通算預かり子ども数は157人。初期を除くと、年間５〜10人強で推移。
- 生後１か月未満児の割合は８割強（生後７日未満５割強。推定含む。以下同）。
- 障がいのある子どもが14件（〜2016年度）で、ほぼ１割。加えて、要医療児２割強。
- 預け入れ場面にいたものは合計198人。そのうち母は97人とほぼ半数、父は26人（複数回答）。
- 母の年齢が推定できるものは104人で、10代１割台半ば、20代5割弱、30代３割。
- 婚姻関係は、既婚３割強、未婚４割。
- 窓口に置かれている保護者向けの手紙を持ち帰ったもの7割台半ば、子どもにまつわる品物を残したもの６割、子どもへのメッセージを残していたもの３割強（複数回答）。
- 預け入れ後、接触をしてきたものは27件（うち９件は当日、13件は１週間以内）。
- 親の居住地がわかったものは４分の３。
- 預け入れをした理由（複数回答）は、生活困窮が２割台半ばで最多。以下１割台で、未婚、パートナーの問題、世間体、不倫が続く。
- 出産の場所は自宅相当が半数。医療機関（推定含む）４割台半ば、車中４件。

資料：図９−７に同じ

　預け入れのプロセスでは、車中出産を含む遠方からの移動、医療関係者が立ち会わない自宅出産、および推定生後7日未満の子どもが半数を超えるなど、母子ともに危険な状況での預け入れが多くなっています。

　未婚、世間体、不倫など、世間の批判対象となりやすい利用理由が確かに存在しています。既婚者も少なくありません。さらに、生活困窮という社会的問題による利用もあります。

5．保育所等および保育者への示唆

　この事案から、保育所等および保育者が学ぶべきことは、次に示す大きく4点です。

事案6から保育所等および保育者が学ぶべきこと

1．「妊娠の責任をとらず、逃げてしまう男性」と、「妊娠の責任を一方的にとらされ、心身ともに追い込まれ、緊急状況にある女性」という社会構造を変革する必要性がある。家庭内および保育所利用などにおける子育ての負担も同じような状況にある。
2．妊娠出産を喜びと感じられない人も一部にいる。このことを理解した言葉かけが重要である。
3．子どもが発する何気ない言葉や態度から、家庭内の状況を推察する力も必要である。小さい子どもは、そばに保護者がいても、家庭内の状況や家族の関係などを素直に話すことが多くある。一方、大きくなると、保護者に気を遣ってごまかしたり、口をつぐんでしまったりすることもある。このような言葉や態度の背景を知ることが重要である。
4．親権は「子どもの利益」のために存在する。しかしながら、体罰や虐待によって、これを侵害する保護者も存在している。体罰や虐待は、「しつけ」の名の下に肯定されるものではない。子どもの権利・人権と保護者のおかれている状況の双方を視野に入れた支援が必要である。

おすすめ文献　虐待に関する知識を深め、技術を高めるために参考になる10点

1）島田妙子『虐待の淵を生き抜いて』毎日新聞出版　2016 年

2）金子勇『「抜け殻家族」が生む児童虐待：少子社会の病理と対策』ミネルヴァ書房　2020 年

3）厚生労働省「子ども虐待対応の手引き」2007 年
　　https://www.mhlw.go.jp/bunya/kodomo/dv12/00.html

4）保育と虐待対応事例研究会編著『保育者のための子ども虐待対応の基本：事例から学ぶ「気づき」のポイントと保育現場の役割』ひとなる書房　2019 年

5）加藤尚子『虐待から子どもを守る !: 教師・保育者が必ず知っておきたいこと』小学館　2017 年

6）中央法規出版編集部編『キーワードでわかる児童虐待防止法ガイドブック』中央法規出版　2020 年

7）児童虐待問題研究会編著『全訂 Q&A 児童虐待防止ハンドブック』ぎょうせい　2018 年

8）根ケ山裕子編著『子ども虐待対応法的実務ガイドブック―児童相談所弁護士による実践的対応と書式』日本加除出版　2020 年

9）全国保育士会「これって虐待？ ～子どもの笑顔を守るために～ 保育者向け児童虐待防止のための研修用ワークブック」2020 年
　　https://www.z-hoikushikai.com/about/siryobox/book/gyakutai.pdf

10）全国保育士会「保育所・認定こども園等における人権擁護のためのセルフチェックリスト ～『子どもを尊重する保育』のために～」2018 年
　　https://www.z-hoikushikai.com/about/siryobox/book/checklist.pdf

さくいん

著者紹介

山縣 文治（やまがた ふみはる）

1954年広島県生まれ。大阪市立大学大学院生活科学研究科後期博士課程を中退後、同大学助手。同教授を経て、2012年より、関西大学人間健康学部教授。専門は、子ども家庭福祉学。主たる著書に、『子ども家庭福祉論』（ミネルヴァ書房 2016）、『子どもの人権をどう守るか：福祉政策と実践を学ぶ』（放送大学教育振興会 2020）。社会活動としては、厚生労働省社会保障審議会児童部会児童虐待等要保護事例の検証に関する専門委員会委員長、同社会的養育専門委員会委員長、熊本市要保護児童対策地域協議会「こうのとりのゆりかご」専門部会部会長など。

保育者のための子ども虐待Q&A
― 予防のために知っておきたいこと ―

発行日	2021年3月31日
著　者	山縣文治
発行者	竹鼻均之
発行所	株式会社みらい
	〒500-8137 岐阜県岐阜市東興町40番地　第5澤田ビル
	TEL 058-247-1227
	FAX 058-247-1218
	https://www.mirai-inc.jp/
ブックデザイン	エディマート（田中綾乃、近藤宏樹）、コログラフィックス（田中農）
イラスト	照喜名隆充
印刷・製本	太洋社